गुज़रती तन्हाई

कविता, शायरी, ग़ज़ल...

श्रीराज मेनन

Made with ♥ on the Notion Press Platform
www.notionpress.com

क्रम-सूची

क्रम-सूची

क्रम-सूची

क्रम-सूची

क्रम-सूची

भूमिका

पुस्तक में लेखक द्वारा लिखित हिंदी कविताएँ, ग़ज़ल और शायरी शामिल हैं। इसमें कविताएं, शायरी और प्रेरणादायक उद्धरण शामिल हैं।

इस पुस्तक में लेखक द्वारा लिखी गई कुछ कविताएँ और शायरियाँ हैं जो प्रेम, प्रकृति और जीवन के सामान्य दैनिक पहलुओं पर आधारित हैं। कुछ प्रेरक प्रसंग भी हैं। प्यार में पाया गया प्यार, खोया हुआ प्यार और फिर से जगा हुआ प्यार शामिल है। इसी तरह, प्रकृति में प्रकृति का महत्व है और लोग बिना किसी दुष्प्रभाव के प्रकृति का अपने फायदे के लिए दुरुपयोग करते हैं। सामान्य में जीवन के सामान्य पहलू होते हैं जो लोगों और परिवेश के साथ चलते हैं।

पावती (स्वीकृति)

मैं अपने उन दोस्तों को धन्यवाद देना चाहता हूं जिन्होंने मुझे कविताएं और शायरी लिखने के लिए प्रेरित किया, जिसे मैं कहता था और भूल जाता था। मैं Your Quote प्लेटफॉर्म और उसके सभी सदस्यों और समूहों को भी धन्यवाद देना चाहता हूं जिन्होंने मुझे अनुमति दी और मुझे इसके मंच पर अपनी सामग्री लिखने के लिए प्रेरित किया। मैं नोशन प्रेस और उसके सभी सदस्यों को भी धन्यवाद देना चाहता हूं जिन्होंने मुझे अपनी सामग्री को अपने मंच और समय-समय पर मार्गदर्शन के माध्यम से प्रकाशित करने की अनुमति दी, जो उन्होंने मुझे मेरी त्रुटियों को ठीक करने के लिए दिया।

1. घोड़े को लात...

घोड़े को लात आदमी को बात

आदत है अपनी कुछ इस तरह

घोड़े को लात आदमी को बात

किसी को पसंद, किसी को राग

क्या करें आदत से मज़बूर है हम

कोई रहता खुश तो कोई उदास

बस कुछ लोग ही है जो है ख़ास

कोई दूर होता है तो कोई है पास

क्या करें आदत से मज़बूर है हम

— Raj

2. चादर से बाहर पैर..

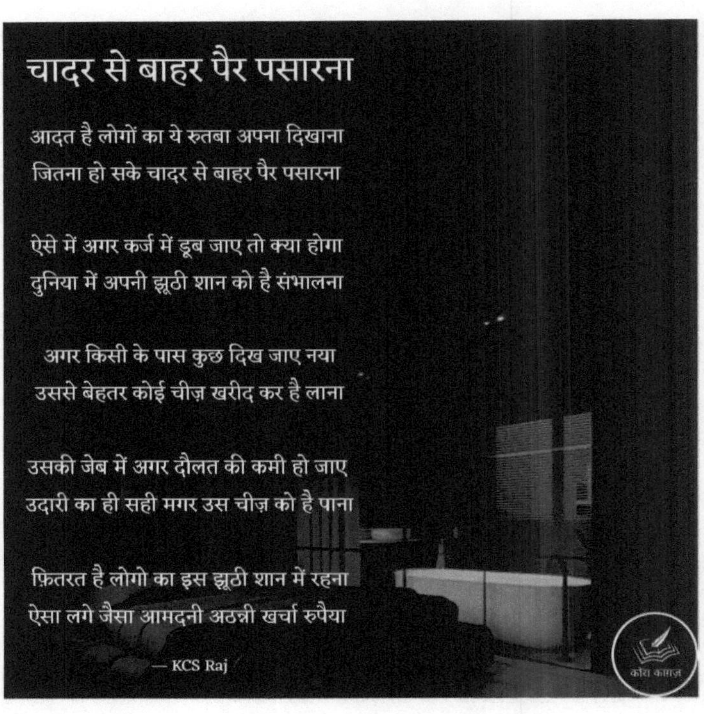

चादर से बाहर पैर पसारना

आदत है लोगों का ये रूतबा अपना दिखाना
जितना हो सके चादर से बाहर पैर पसारना

ऐसे में अगर कर्ज में डूब जाए तो क्या होगा
दुनिया में अपनी झूठी शान को है संभालना

अगर किसी के पास कुछ दिख जाए नया
उससे बेहतर कोई चीज़ खरीद कर है लाना

उसकी जेब में अगर दौलत की कमी हो जाए
उदारी का ही सही मगर उस चीज़ को है पाना

फ़ितरत है लोगो का इस झूठी शान में रहना
ऐसा लगे जैसा आमदनी अठन्नी खर्चा रुपैया

— KCS Raj

3. गागर में सागर भरना

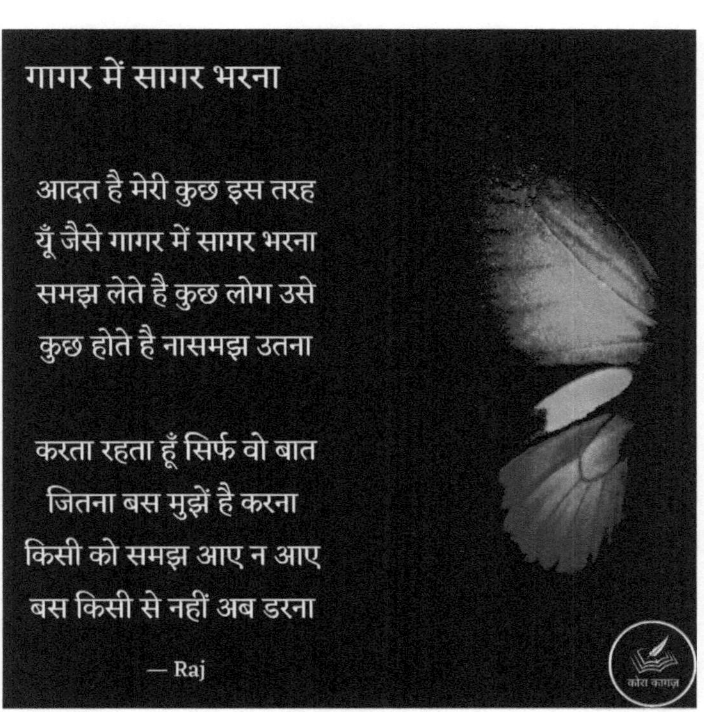

4. आँखों का नूर

आँखों का नूर और ये गुलाबी होंठ तेरे कह रहा है इश्क़ कर बेहिसाब तुझें
क्या पता क्या तिलिस्म है इन आँखों में जो खींचता चुम्बक की तरह मुझें

— Raj

5. कितनी मोहब्बत है

कितनी मोहब्बत है

आज़मा कर देख लो
कितनी मोहब्बत है
महसूस कर बोल लो
जितनी मोहब्बत है

किताबों में रख कर मैं
मोहब्बत की गुलाब को
निहारता रहता हर पल
अपनी प्रेम कहानी को

आज़मा कर देख लो
कितनी मोहब्बत है....

यादों में रहता है हर पल
तेरी मेरी प्रेम कहानी ये
मोहब्बत की है हर पल
तुमसे ही इस दुनिया में

आज़मा कर देख लो
कितनी मोहब्बत है....

— Raj

6. अक़्ल के घोड़े...

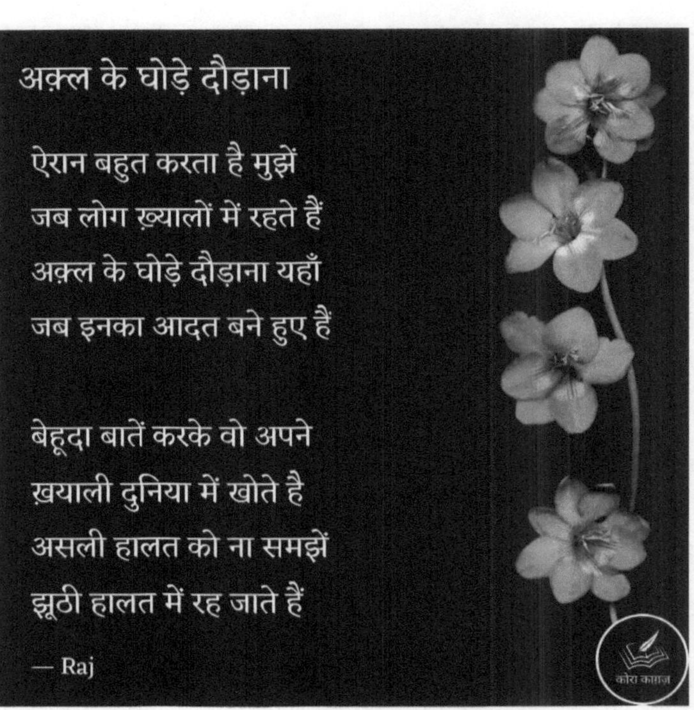

अक़्ल के घोड़े दौड़ाना

ऐरान बहुत करता है मुझें
जब लोग ख़्यालों में रहते हैं
अक़्ल के घोड़े दौड़ाना यहाँ
जब इनका आदत बने हुए हैं

बेहूदा बातें करके वो अपने
ख़याली दुनिया में खोते है
असली हालत को ना समझें
झूठी हालत में रह जाते हैं

— Raj

7. अक़्ल दंग होना

अक़्ल दंग होना

अक़्ल दंग होना लाज़मी है
जब कोई इज़हार-ए-इश्क़ करें

दिल ना चाहते हुए भी यहाँ
किसी के लिए धड़कने लगे

जब ये इश्क़ होता है बेपनाह
रह नहीं पाउँगा उसके बिना

अब क्या करें जब कोई अपना
दिल में बसें दिखाकर सपना

अब देखते है इश्क़ की ये रंग
यहाँ क्या-क्या गुल खिलाती है

— Raj

8. अपना बनाना

9. बाहों में तेरी...

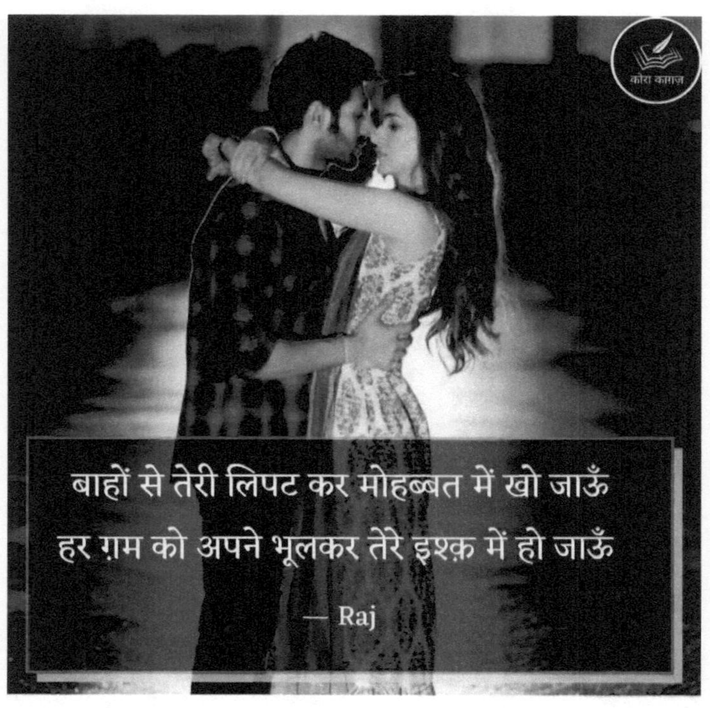

10. जाका कोड़ा ताका घोड़ा

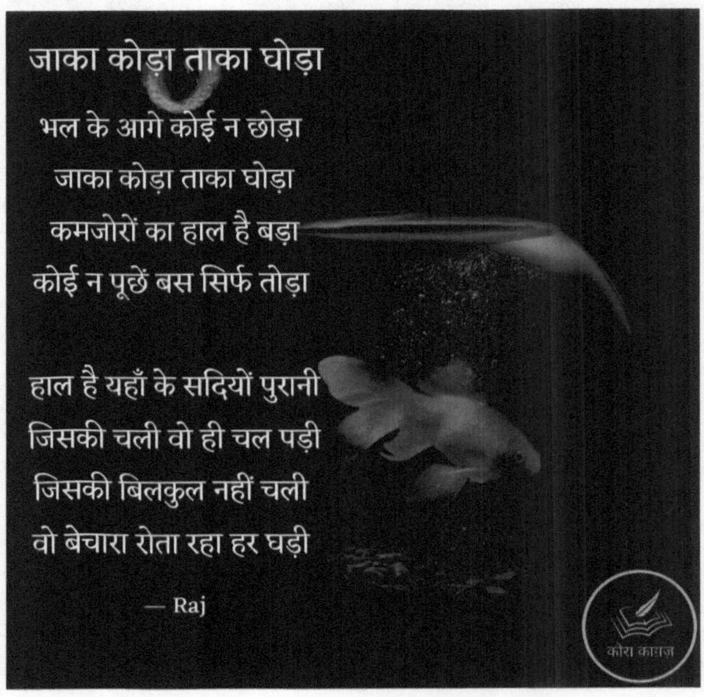

जाका कोड़ा ताका घोड़ा

भल के आगे कोई न छोड़ा

जाका कोड़ा ताका घोड़ा

कमजोरों का हाल है बड़ा

कोई न पूछें बस सिर्फ तोड़ा

हाल है यहाँ के सदियों पुरानी

जिसकी चली वो ही चल पड़ी

जिसकी बिलकुल नहीं चली

वो बेचारा रोता रहा हर घड़ी

— Raj

11. अनजान मुसाफ़िर

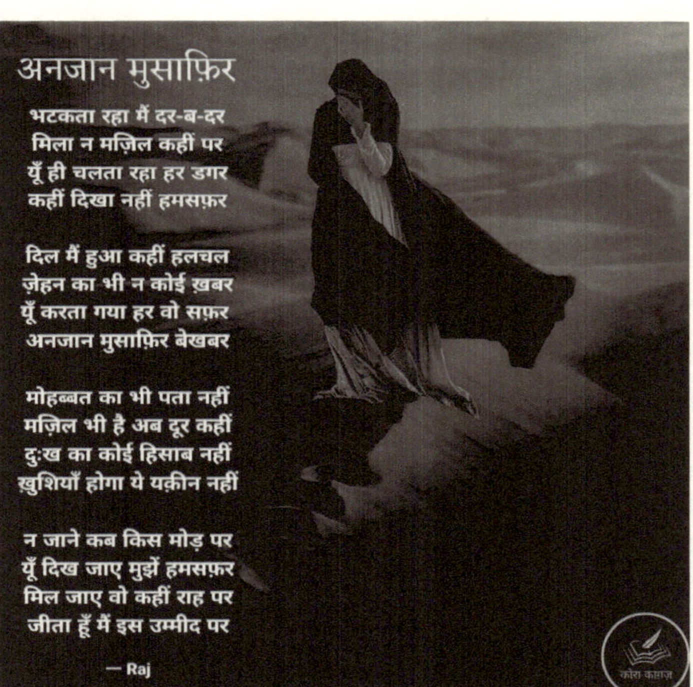

अनजान मुसाफ़िर

भटकता रहा मैं दर-ब-दर
मिला न मज़िल कहीं पर
यूँ ही चलता रहा हर डगर
कहीं दिखा नहीं हमसफ़र

दिल मैं हुआ कहीं हलचल
ज़ेहन का भी न कोई ख़बर
यूँ करता गया हर वो सफ़र
अनजान मुसाफ़िर बेखबर

मोहब्बत का भी पता नहीं
मज़िल भी है अब दूर कहीं
दु:ख का कोई हिसाब नहीं
ख़ुशियाँ होगा ये यकीन नहीं

न जाने कब किस मोड़ पर
यूँ दिख जाए मुझें हमसफ़र
मिल जाए वो कहीं राह पर
जीता हूँ मैं इस उम्मीद पर

— Raj

12. अक़्ल की दुम

अक़्ल की दुम

बहुत मिलेंगे यहाँ दुनिया में
अक़्ल के दम पर चलने वाले
ख़ुद को बहुत कुछ समझते हैं
और ढेर सारी गलतियां करते हैं

तकदीर पर फिर रोते रहते है
इलज़ाम तकदीर को देते है
औरो को ये नीचा दिखाते हैं
ख़ुद अपनी ही धुन में रहते हैं

— Raj

13. बंधनों के फेरे

14. बोसा-ए-मोहब्बत

15. एक टांग पर खड़ा

एक टांग पर खड़ा होना

चाहे कोई भी काम हो
चाहे किसी भी आदार हो
सदा मेरा आदत रहा जैसे
एक टांग पर खड़ा होना

चाहे कोई भी डर हो
चाहे कोई भी अडचन हो
सदा मेरा आदात रहा जैसे
हर डर का मुकाबला करना

— Raj

16. तुम्हारा साथ निभाऊँगा

17. फ़ुग्माँ - फ़रियाद

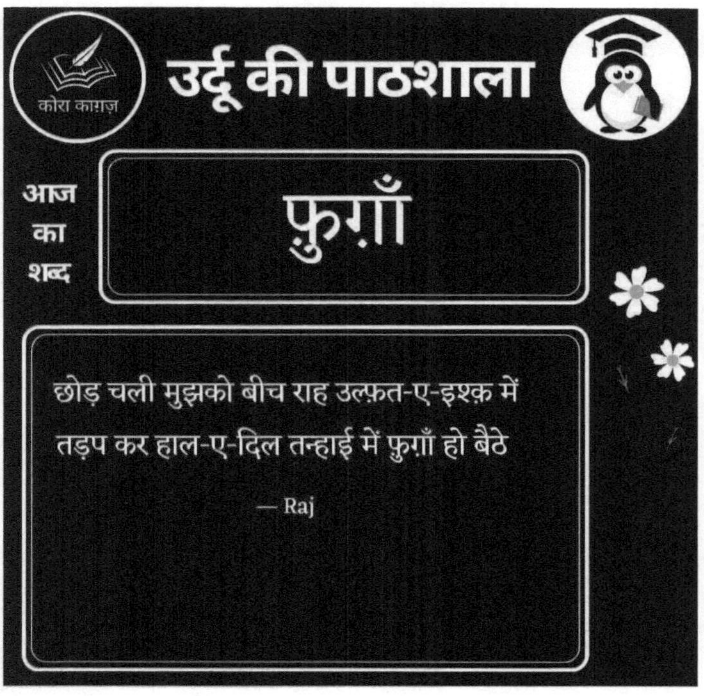
उर्दू की पाठशाला
कोरा काग़ज़
आज का शब्द
फ़ुग्माँ
छोड़ चली मुझको बीच राह उल्फ़त-ए-इश्क़ में
तड़प कर हाल-ए-दिल तन्हाई में फ़ुग्माँ हो बैठे
— Raj

18. लहरों के संग

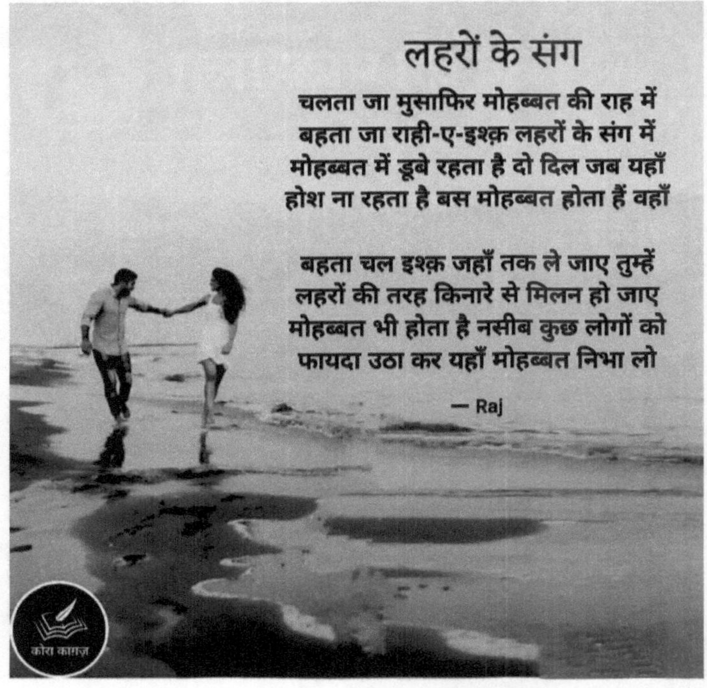

लहरों के संग

चलता जा मुसाफिर मोहब्बत की राह में
बहता जा राही-ए-इश्क़ लहरों के संग में
मोहब्बत में डूबे रहता है दो दिल जब यहाँ
होश ना रहता है बस मोहब्बत होता हैं वहाँ

बहता चल इश्क़ जहाँ तक ले जाए तुम्हें
लहरों की तरह किनारे से मिलन हो जाए
मोहब्बत भी होता है नसीब कुछ लोगों को
फायदा उठा कर यहाँ मोहब्बत निभा लो

— Raj

19. दास्तान-ए-ग़म

दास्तान-ए-ग़म

दास्तान-ए-मोहब्बत में
यूँ दर्द बेशुमार होता है
समझौता कर के अपने
इम्तेहान ही हो जाते हैं

फ़िर होता अक्सर यहाँ
ग़मों का ये सिलसिला
बन जाता है अंत में यहाँ
बस दास्तान-ए-ग़म वहाँ

कोई बन जाता है शायर
तो कोई उस्ताद-ए-ग़ज़ल
दुःख की दर्द में जलकर
सज के बन जाता है नग़्म

— Raj

20. दीदा-ए-मोहब्बत

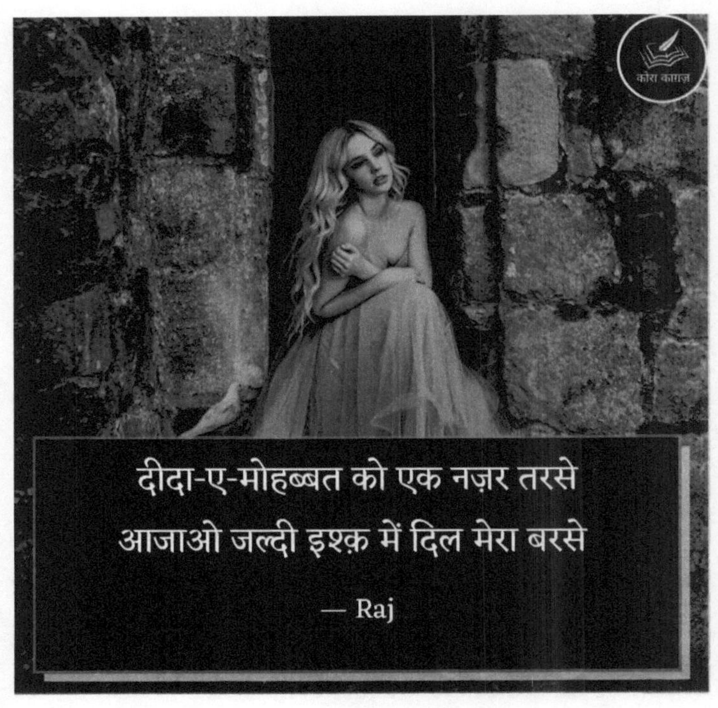

21. तेरे बग़ैर

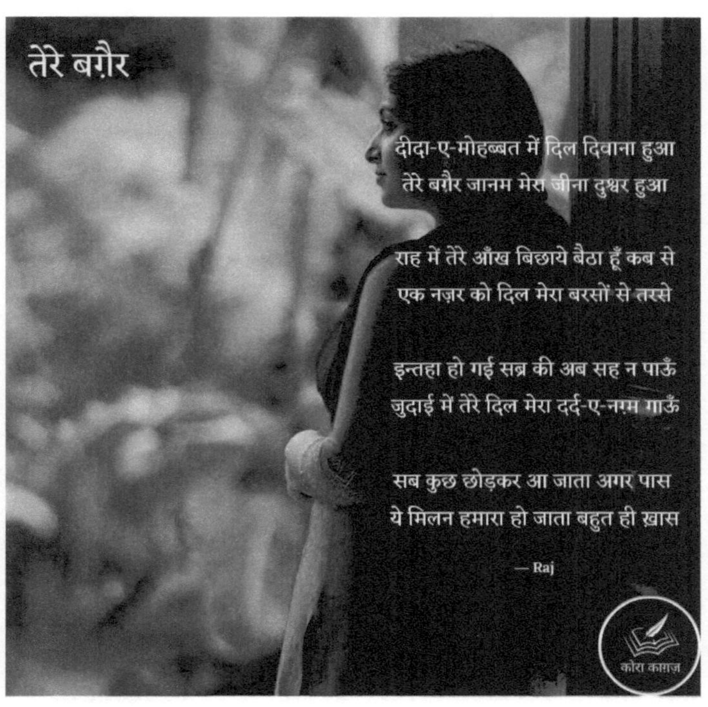

तेरे बग़ैर

दीदा-ए-मोहब्बत में दिल दिवाना हुआ
तेरे बग़ैर जानम मेरा जीना दुश्वर हुआ

राह में तेरे आँख बिछाये बैठा हूँ कब से
एक नज़र को दिल मेरा बरसों से तरसे

इन्तहा हो गई सब्र की अब सह न पाऊँ
जुदाई में तेरे दिल मेरा दर्द-ए-नग़म गाऊँ

सब कुछ छोड़कर आ जाता अगर पास
ये मिलन हमारा हो जाता बहुत ही ख़ास

— Raj

कोरा कागज़

22. आख़िरी मुलाक़ात

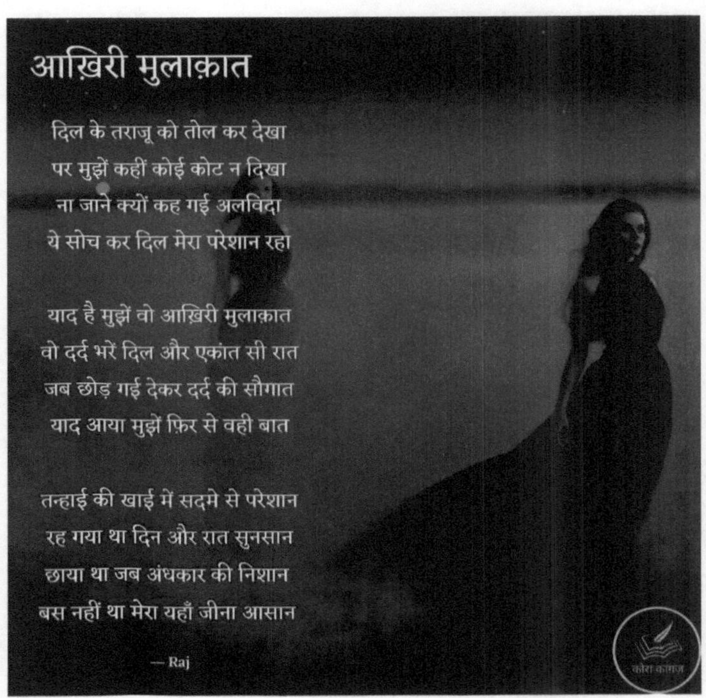

आख़िरी मुलाक़ात

दिल के तराजू को तोल कर देखा
पर मुझे कहीं कोई कोट न दिखा
ना जाने क्यों कह गई अलविदा
ये सोच कर दिल मेरा परेशान रहा

याद है मुझे वो आख़िरी मुलाक़ात
वो दर्द भरे दिल और एकांत सी रात
जब छोड़ गई देकर दर्द की सौगात
याद आया मुझे फिर से वही बात

तन्हाई की खाई में सदमे से परेशान
रह गया था दिन और रात सुनसान
छाया था जब अंधकार की निशान
बस नहीं था मेरा यहाँ जीना आसान

— Raj

23. ये दिल क्या करे

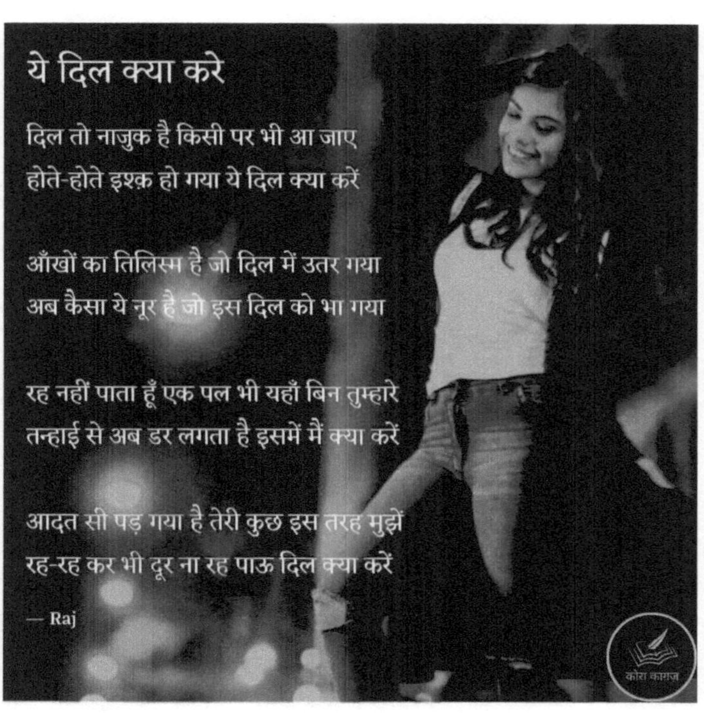

ये दिल क्या करे

दिल तो नाजुक है किसी पर भी आ जाए
होते-होते इश्क़ हो गया ये दिल क्या करें

आँखों का तिलिस्म है जो दिल में उतर गया
अब कैसा ये नूर है जो इस दिल को भा गया

रह नहीं पाता हूँ एक पल भी यहाँ बिन तुम्हारे
तन्हाई से अब डर लगता है इसमें मैं क्या करें

आदत सी पड़ गया है तेरी कुछ इस तरह मुझें
रह-रह कर भी दूर ना रह पाऊ दिल क्या करें

— Raj

24. एक आँख न भाना

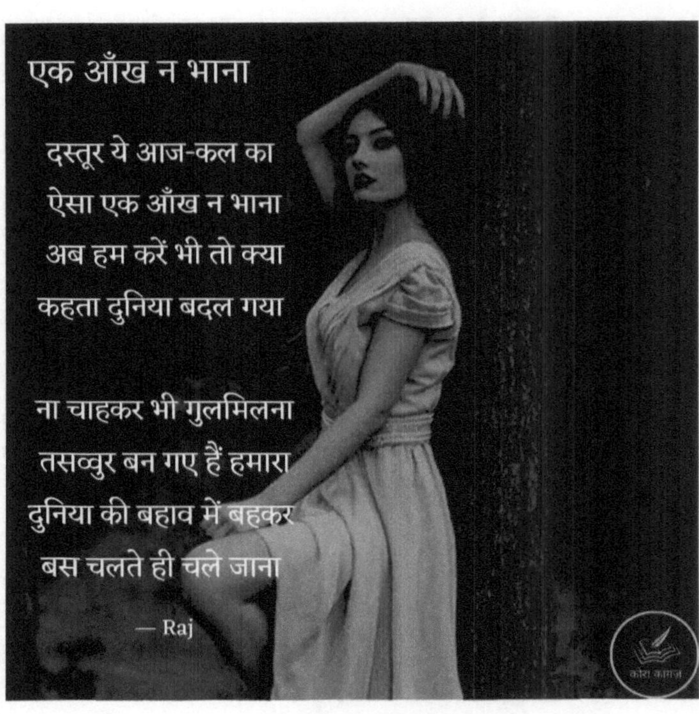

एक आँख न भाना

दस्तूर ये आज-कल का
ऐसा एक आँख न भाना
अब हम करें भी तो क्या
कहता दुनिया बदल गया

ना चाहकर भी गुलमिलना
तसव्वुर बन गए हैं हमारा
दुनिया की बहाव में बहकर
बस चलते ही चले जाना

— Raj

25. उल्टी पट्टी पढ़ाना

26. एहसास ज़िन्दा है

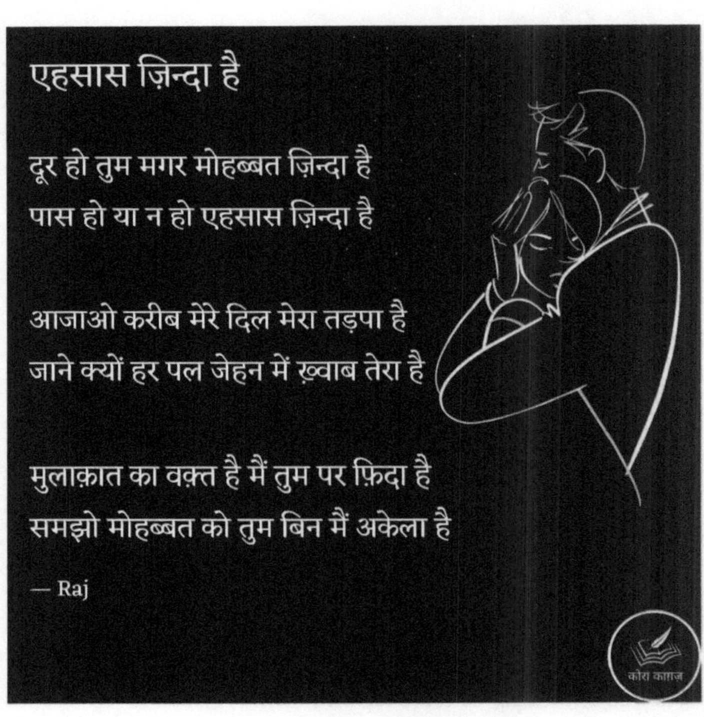

एहसास ज़िन्दा है

दूर हो तुम मगर मोहब्बत ज़िन्दा है
पास हो या न हो एहसास ज़िन्दा है

आजाओ करीब मेरे दिल मेरा तड़पा है
जाने क्यों हर पल जेहन में ख़्वाब तेरा है

मुलाक़ात का वक़्त है मैं तुम पर फ़िदा है
समझो मोहब्बत को तुम बिन मैं अकेला है

— Raj

27. प्रेम बंधन

प्रेम बंधन

एक अनोखा बंधन
वो है यह प्रेम बंधन
जिसे नसीब हो जाए
दुनिया वो जीत पाए

ये तेरा मेरा रिश्ता है
जो प्रेम से भरपूर है
न रह पाऊ बिन तेरे
न तुम रहे बिना मेरे

वो मीठा सा एहसास
जो दिल में जग जाए
वो दिल का ये उदास
जब दूर तुम हो जाए

यह इश्क़ नहीं तो क्या
मेरे समझ में न आए
तुम हो साथ जब मेरे
दिल धड़कता रह जाए

— Raj

28. ऐरा-गैरा नत्थू कैरा

29. घर का भेदी लंका ढाए

30. धर खीर तो बाहर...

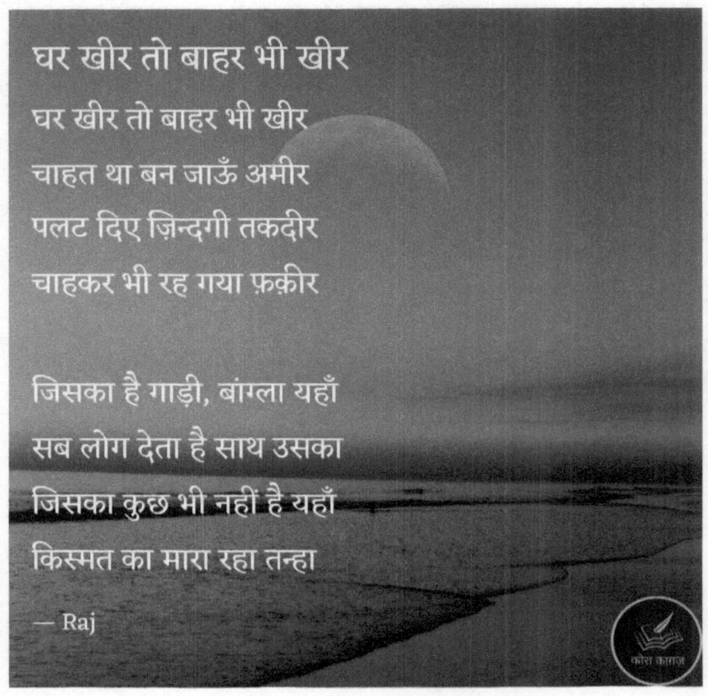

घर खीर तो बाहर भी खीर

घर खीर तो बाहर भी खीर

चाहत था बन जाऊँ अमीर

पलट दिए ज़िन्दगी तकदीर

चाहकर भी रह गया फ़क़ीर

जिसका है गाड़ी, बांग्ला यहाँ

सब लोग देता है साथ उसका

जिसका कुछ भी नहीं है यहाँ

किस्मत का मारा रहा तन्हा

— Raj

31. गर्म साँसें

गर्म साँसें

होठों से होंठ मिले और चल रहा है गर्म साँसें
बाहों में तुम हो और चल रही है ठण्ड हवाएं

सर्द रातों में हो रही है ढेर सारे इश्क़ की बातें
ये मन ललचा रहा है यहाँ चर्म सुःख को पाने

क्या बताएं तुम हो साथ मोहब्बत लगे बरसने
और न कुछ चाहे दिल बस इश्क़ में मर जाए

— Raj

32. इंतजार-ए-मोहब्बत

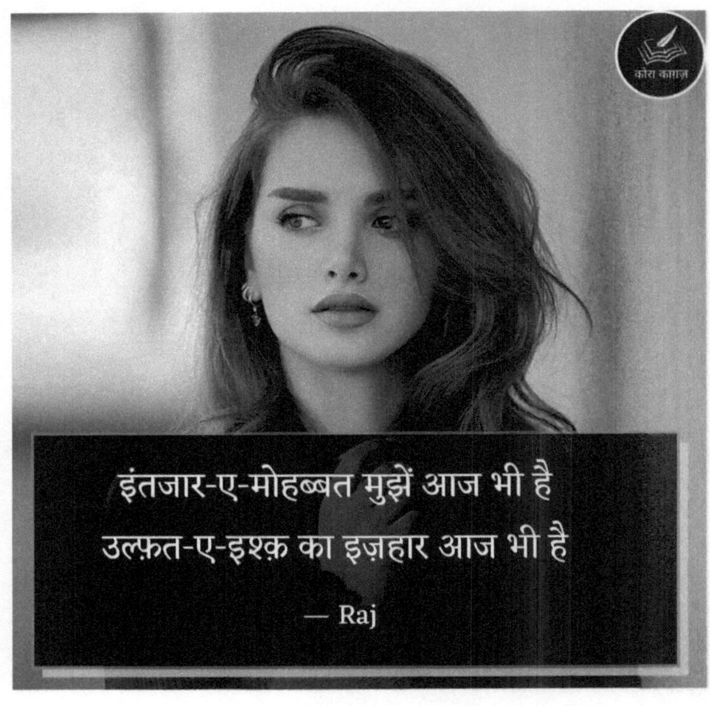

33. इश्क़ का तराना

इश्क़ का तराना

इश्क़ का तराना
गाता रहा जीवन भर
मिला न कोई सच्चा
आशिक़ ज़माने भर

करता गया मोहब्बत
अनजान सफ़र पर
मिला न कोई मंज़िल
इश्क़ की डगर पर

चलता गया मुसाफिर
मोहब्बत की राह पर
मिला न उसे मोहब्बत
किसी भी मंज़िल पर

— Raj

34. तेरे-मेरे दरमियाँ

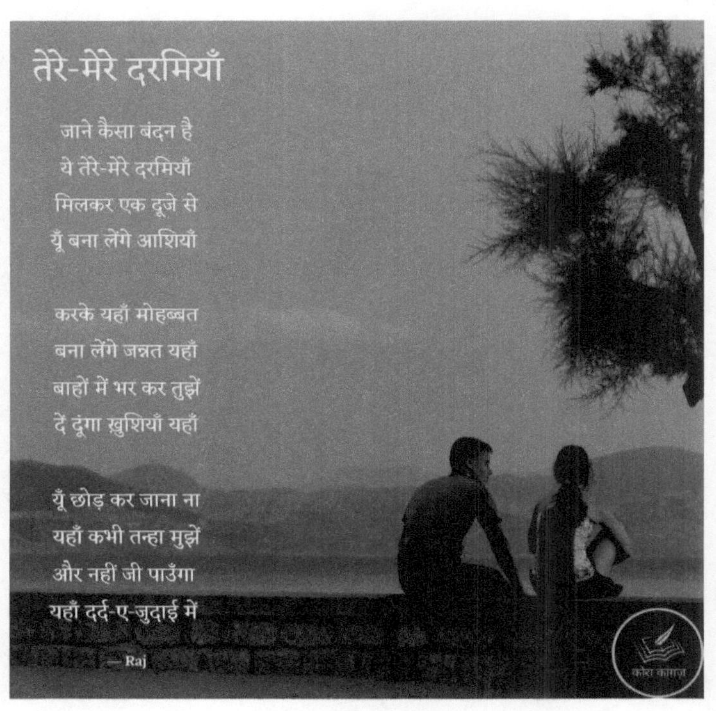

तेरे-मेरे दरमियाँ

जाने कैसा बंधन है
ये तेरे-मेरे दरमियाँ
मिलकर एक दूजे से
यूँ बना लेंगे आशियाँ

करके यहाँ मोहब्बत
बना लेंगे जन्नत यहाँ
बाहों में भर कर तुझे
दें दूंगा ख़ुशियाँ यहाँ

यूँ छोड़ कर जाना ना
यहाँ कभी तन्हा मुझें
और नहीं जी पाउँगा
यहाँ दर्द-ए-जुदाई में

— Raj

35. अब-तब करना

अब-तब करना

जब भी पूछता हूँ उससे
इश्क़ है या नहीं मुझसे
लगती है अब-तब करना
कुछ कह कर मुस्कुराना

अब लगने लगा मुझको
धोका न खाये दिल को
कैसे भरोसा मैं कर लें
न इश्क़ में धोका दें जाए

— Raj

36. ज़िम्मेदारियों का बोझ

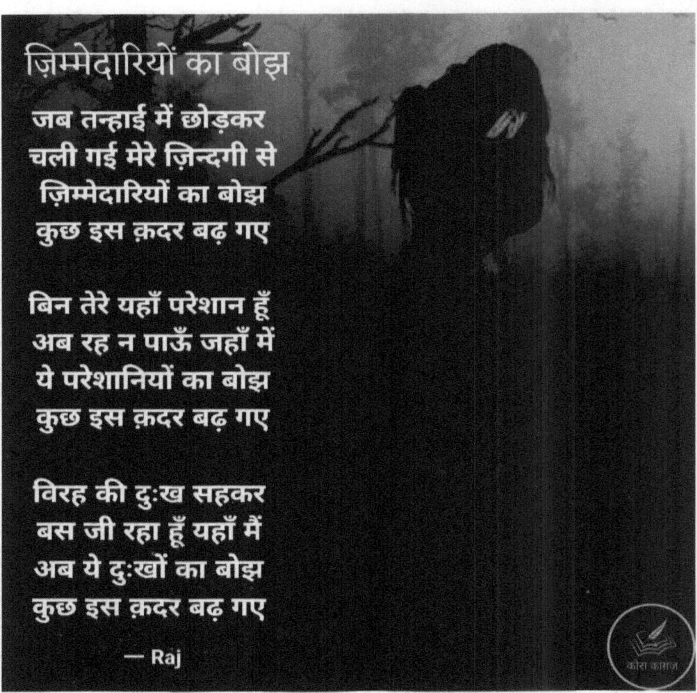

37. आँखों का सागर

आँखों का सागर
जुदाई में रोकर बुरा हाल हुआ
ये आँखों का सागर सुख गया

रहा ना बाकी आँसू आखों में
मोहब्बत में दिल मेरा टूट गया

दर्द की सागर में जब डूब गया
ये दिल तड़पा और बिखर गया

ख़ून की आँसू रोए थे उस पल
दर्द-ए-दिल भी बेशुमार सहा

— Raj

38. कानी के ब्याह को...

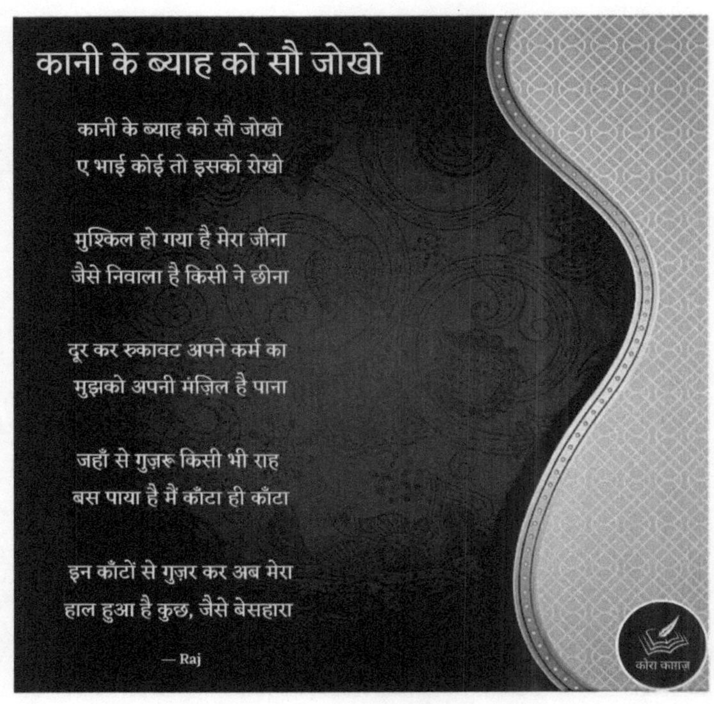

कानी के ब्याह को सौ जोखो

कानी के ब्याह को सौ जोखो
ए भाई कोई तो इसको रोखो

मुश्किल हो गया है मेरा जीना
जैसे निवाला है किसी ने छीना

दूर कर रुकावट अपने कर्म का
मुझको अपनी मंज़िल है पाना

जहाँ से गुज़रू किसी भी राह
बस पाया है मैं काँटा ही काँटा

इन काँटों से गुज़र कर अब मेरा
हाल हुआ है कुछ, जैसे बेसहारा

— Raj

कोरा काग़ज़

39. कभी धूप कभी छाँव

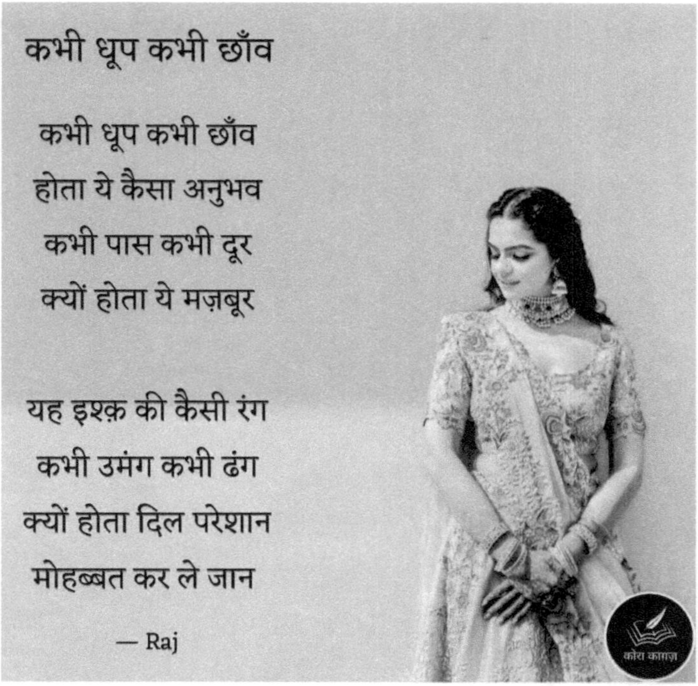

कभी धूप कभी छाँव

कभी धूप कभी छाँव
होता ये कैसा अनुभव
कभी पास कभी दूर
क्यों होता ये मज़बूर

यह इश्क़ की कैसी रंग
कभी उमंग कभी ढंग
क्यों होता दिल परेशान
मोहब्बत कर ले जान

— Raj

40. ख़ुशियों की सौगात

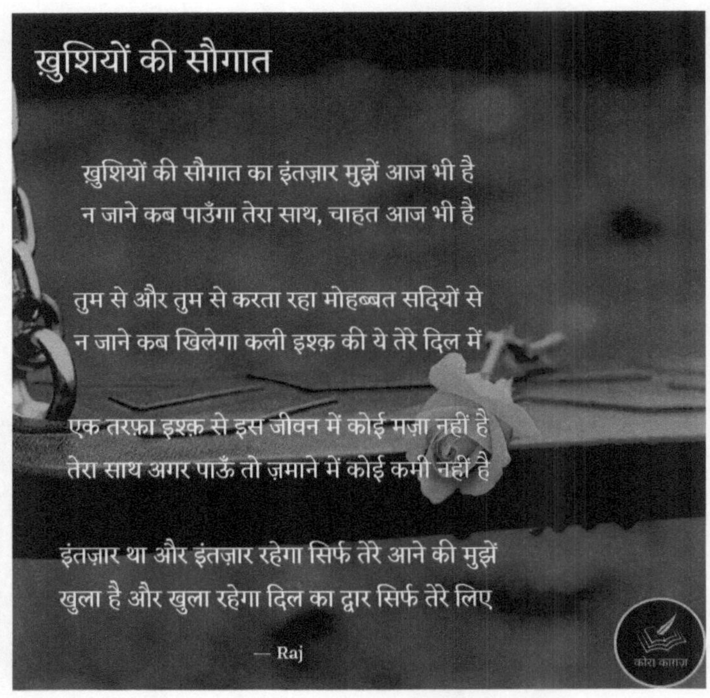

ख़ुशियों की सौगात

ख़ुशियों की सौगात का इंतज़ार मुझें आज भी है
न जाने कब पाउँगा तेरा साथ, चाहत आज भी है

तुम से और तुम से करता रहा मोहब्बत सदियों से
न जाने कब खिलेगा कली इश्क़ की ये तेरे दिल में

एक तरफ़ा इश्क़ से इस जीवन में कोई मज़ा नहीं है
तेरा साथ अगर पाऊँ तो ज़माने में कोई कमी नहीं है

इंतज़ार था और इंतज़ार रहेगा सिर्फ तेरे आने की मुझें
खुला है और खुला रहेगा दिल का द्वार सिर्फ तेरे लिए

— Raj

41. ओ साथी मेरे

ओ साथी मेरे

खुशियों से दामन भर दूँ
तू कहे तो तारे तोड़ लाऊ
मोहब्बत में ओ साथी मेरे
मेरा दिल तेरे नाम कर दूँ

खुश रहे तुम हर पल सनम
आँखों से आँसू न छलके
दुःख की साया मैं मिटा दूँ
हर पल खुशियाँ ही महके

छोड़ कर जाना ना कभी
यहाँ तन्हा मुझे यूँ करके
साथ निभाउंगा मैं हर पल
स्वपनों को तेरा पूरा करके

— Raj

42. ख़ून सिर चढ़कर...

ख़ून सिर चढ़कर बोलता है

ख़ून सर चढ़कर बोलता है
जब गलत क़दम उठाता है

संभल कर रखा करो अपने
हर क़दम देखकर मीठे सपने

जीवन का ये बड़ा सफ़र हैं
कहीं गलती न हो इस राह में

हर राह में रुकावटें होती है
उसको पर करना भी ज़रूरी है

हर मुश्किल को पार कर जीना
मंज़िल तक यूँ चलते चले जाना

— Raj

43. कही अनकही बातें

कही अनकही बातें

कही अनकही बातें तो होती ही रहेगी
आँखों से आँखों का इशारा भी होती रहेगी

मोहब्बत किया है तो निभाता ही रहेगा
तुम चाहोगी तो मुलाक़ात होती ही रहेगी

अनकही बातों को पढ़ लेना इशारों में
हो जाए जब मुलाक़ात एक या दो बार में

साथ तेरी रहेगी तो समझेगा ये ज़ेहन भी
ज़ेहन की बातों को पढ़ लेगा ये दिल भी

उल्फ़त की बातें कहे बिना जो समझ लें
वही सच्चा मोहब्बत है उसे तुम जान लें

— Raj

44. मेरी ख़ामोशी

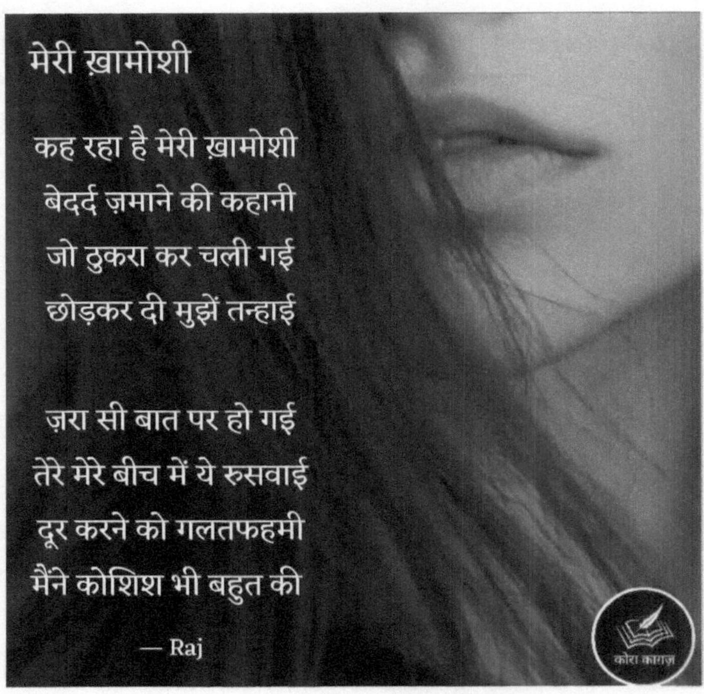

मेरी ख़ामोशी

कह रहा है मेरी ख़ामोशी
बेदर्द ज़माने की कहानी
जो ठुकरा कर चली गई
छोड़कर दी मुझें तन्हाई

ज़रा सी बात पर हो गई
तेरे मेरे बीच में ये रुसवाई
दूर करने को गलतफहमी
मैंने कोशिश भी बहुत की

— Raj

45. खुबसूरत सी मुस्कुराहट

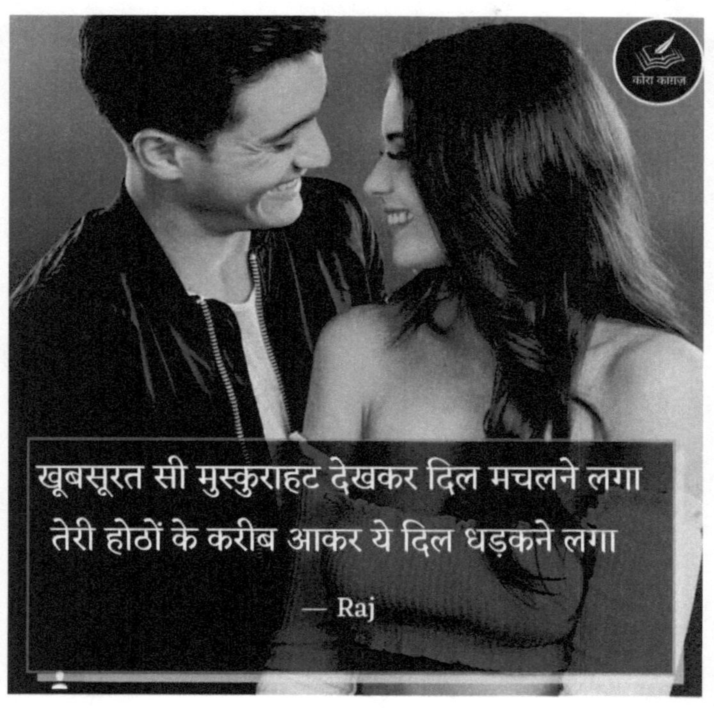

46. कसौटी पर कसना

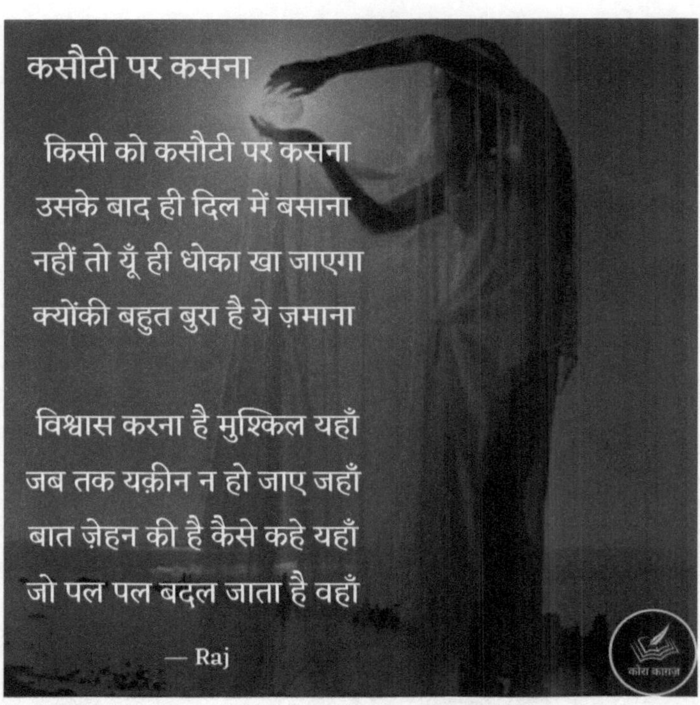

कसौटी पर कसना

किसी को कसौटी पर कसना
उसके बाद ही दिल में बसाना
नहीं तो यूँ ही धोका खा जाएगा
क्योंकी बहुत बुरा है ये ज़माना

विश्वास करना है मुश्किल यहाँ
जब तक यक़ीन न हो जाए जहाँ
बात ज़ेहन की है कैसे कहे यहाँ
जो पल पल बदल जाता है वहाँ

— Raj

47. प्यारा सा समां

कितना खूबसूरत और प्यारा सा समा
लग जाओ गले और दें दो एक बोसा।
कैसी तबियत है कोई पूछ लेता हमंसे
कहते एक गुल ने की मोहब्बत हमसे।।
— Raj

48. उड़ती चिड़िया पहचानना

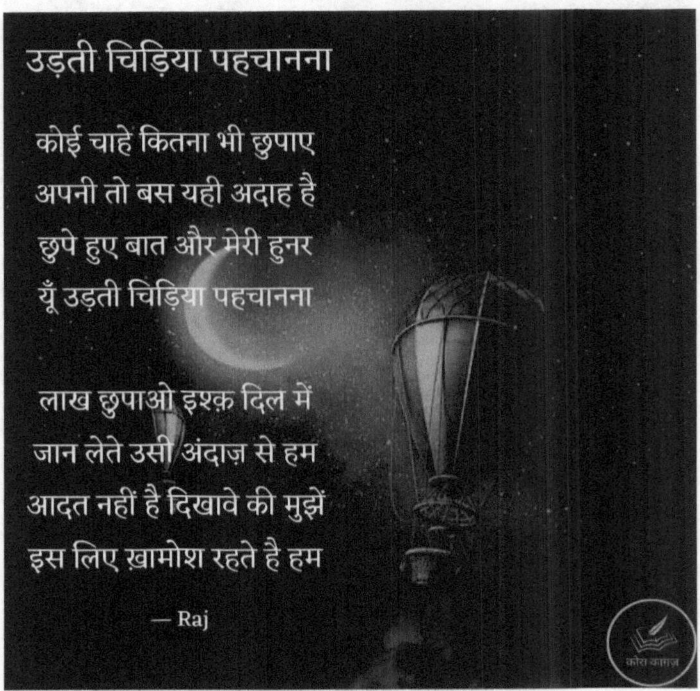

49. कोशिश ही नहीं की

कोशिश ही नहीं की

कोशिश ही नहीं की
मैंने दिल लगाने को

कोई ना मिला मुझको
इस दिल में बसाने को

ढूंढ़ता रहा दुनिया की
हर राह में मैं यूँ उसको

तकदीर साथ नहीं दिया
अब क्या करूँ मैं उसको

ज़िन्दगी में बस बहता गया
जहाँ नसीब ले गया मुझको

— Raj

50. कुसूर किसका सज़ा किसे

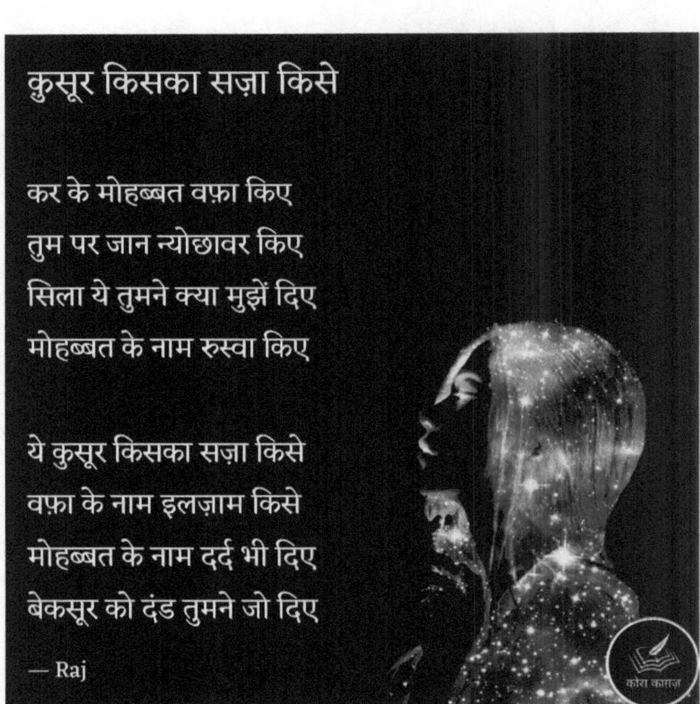

51. कुछ ख़्वाब अधूरे से

52. यादों का सिलसिला

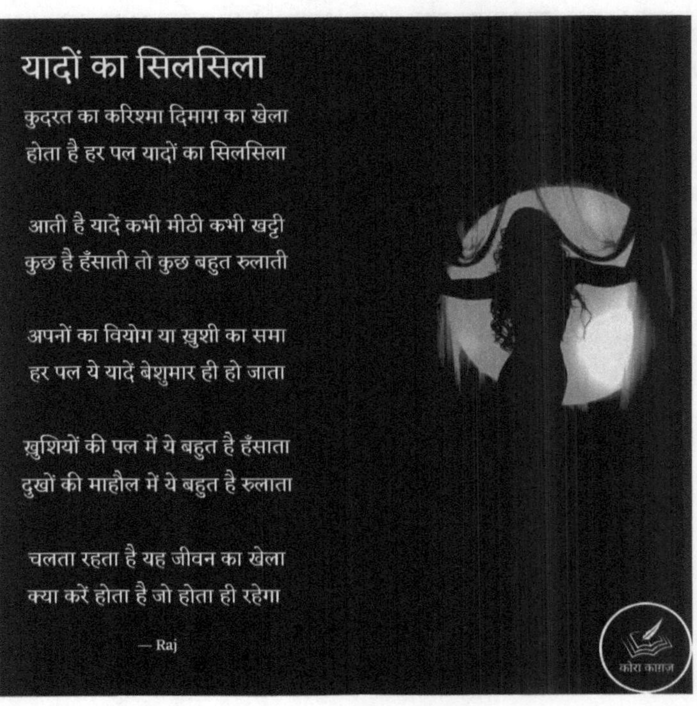

यादों का सिलसिला

कुदरत का करिश्मा दिमाग़ का खेला
होता है हर पल यादों का सिलसिला

आती है यादें कभी मीठी कभी खट्टी
कुछ है हँसाती तो कुछ बहुत रुलाती

अपनों का वियोग या खुशी का समा
हर पल ये यादें बेशुमार ही हो जाता

खुशियों की पल में ये बहुत है हँसाता
दुखों की माहौल में ये बहुत है रुलाता

चलता रहता है यह जीवन का खेला
क्या करें होता है जो होता ही रहेगा

— Raj

53. तेरी मजबूरियाँ

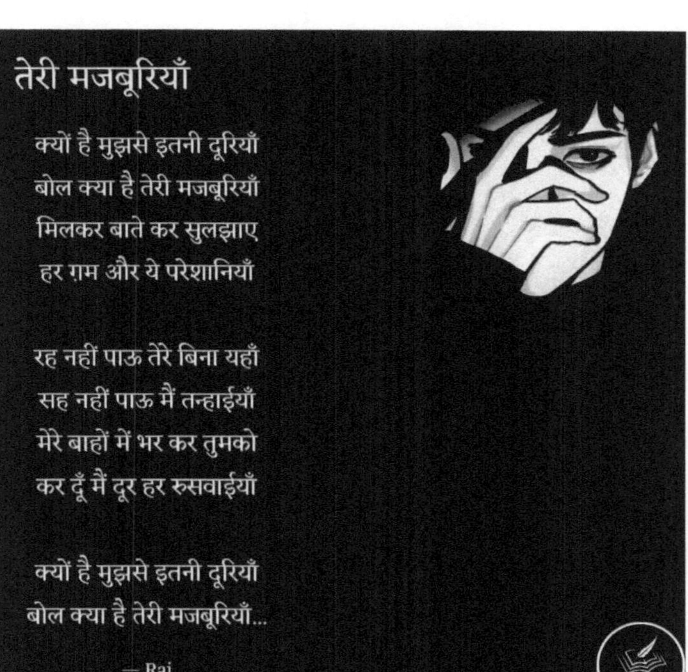

तेरी मजबूरियाँ

क्यों है मुझसे इतनी दूरियाँ
बोल क्या है तेरी मजबूरियाँ
मिलकर बाते कर सुलझाए
हर ग़म और ये परेशानियाँ

रह नहीं पाऊ तेरे बिना यहाँ
सह नहीं पाऊ मैं तन्हाईयाँ
मेरे बाहों में भर कर तुमको
कर दूँ मैं दूर हर रुसवाईयाँ

क्यों है मुझसे इतनी दूरियाँ
बोल क्या है तेरी मजबूरियाँ...

— Raj

54. कालिख पोतना

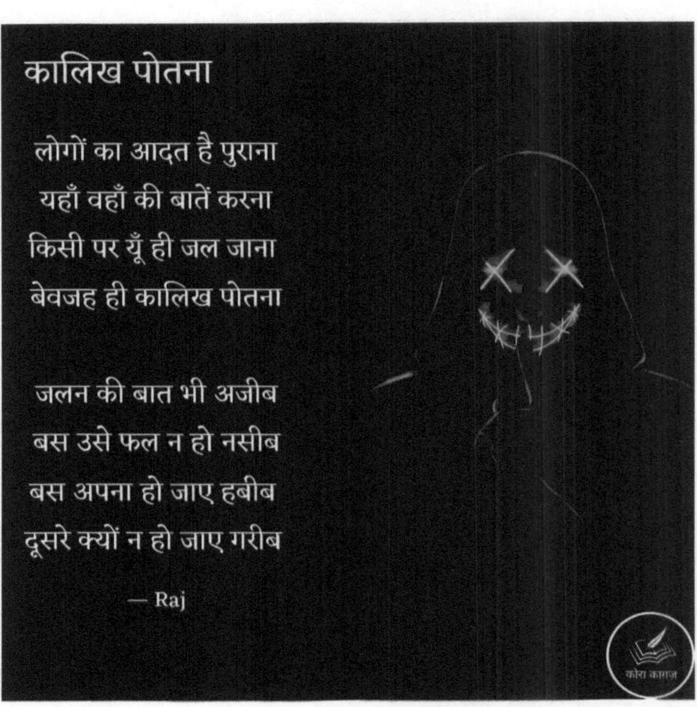

कालिख पोतना

लोगों का आदत है पुराना
यहाँ वहाँ की बातें करना
किसी पर यूँ ही जल जाना
बेवजह ही कालिख पोतना

जलन की बात भी अजीब
बस उसे फल न हो नसीब
बस अपना हो जाए हबीब
दूसरे क्यों न हो जाए गरीब

— Raj

55. एक हँसीन चेहरा

माँगा था ख़ुदा से एक हँसीन चेहरा मोहब्बत के लिए
छप्पर फाड़ के दें डाली तुम्हें एक हँसीन मुस्कान के लिए
— Raj

56. ख़ुद से बे-ख़बर

ख़ुद से बे-ख़बर

मैं इश्क़ में तेरे डूबकर

हुआ ख़ुद से बे-ख़बर

अब भर लूँ वो सिफ़र

जो था मेरा दिन भर

ले जाऊँ तुम्हे उस डगर

किसी को न हो ये ख़बर

आओ पास तुम पल भर

तुम्हे बना लूँ मैं हमसफ़र

— Raj

57. मैं लब हूँ वो शब्द है

58. वो आदत है मेरी

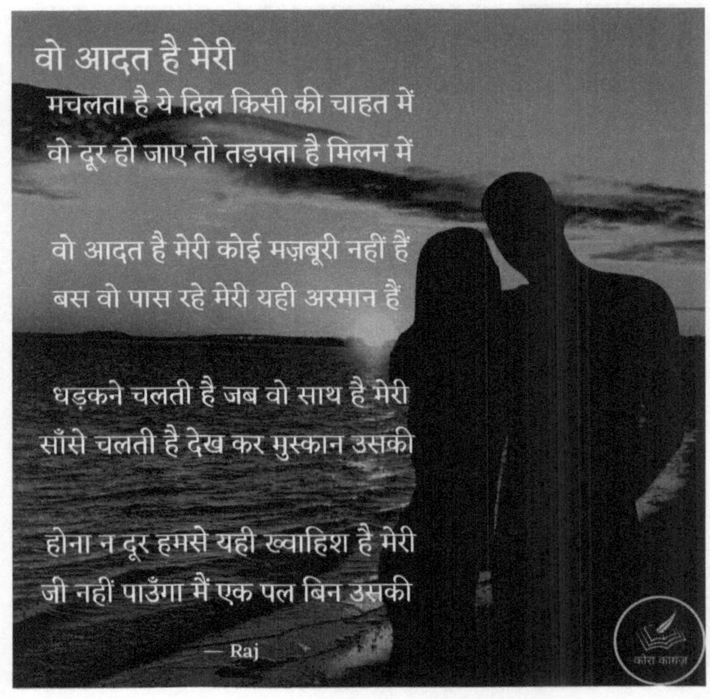

वो आदत है मेरी
मचलता है ये दिल किसी की चाहत में
वो दूर हो जाए तो तड़पता है मिलन में

वो आदत है मेरी कोई मज़बूरी नहीं हैं
बस वो पास रहे मेरी यही अरमान हैं

धड़कने चलती है जब वो साथ है मेरी
साँसे चलती है देख कर मुस्कान उसकी

होना न दूर हमसे यही ख्वाहिश है मेरी
जी नहीं पाऊँगा मैं एक पल बिन उसकी

— Raj

59. हर दुआ में तुम

हर दुआ में तुम

मेरे हर ख़्वाब में तुम हो
मेरे दिल में बसें तुम हो
मेरे हर साँस में तुम हो
मेरे हर दुआ में तुम हो

सदा तुम यूँ ही खुश रहे
और चाहत क्या है मेरे
ख़ुदा की तुम्हें रहमत रहे
सारी ख़ुशियाँ तुम्हें मिले

हुआ न मेरा कोई ग़म नहीं
जिसे मिला खुशनसीब सही
वफ़ा की राह में चलना वही
दुःख की नौबत न आए कभी

— Raj

60. गुलाब सी ख़ूबसूरत

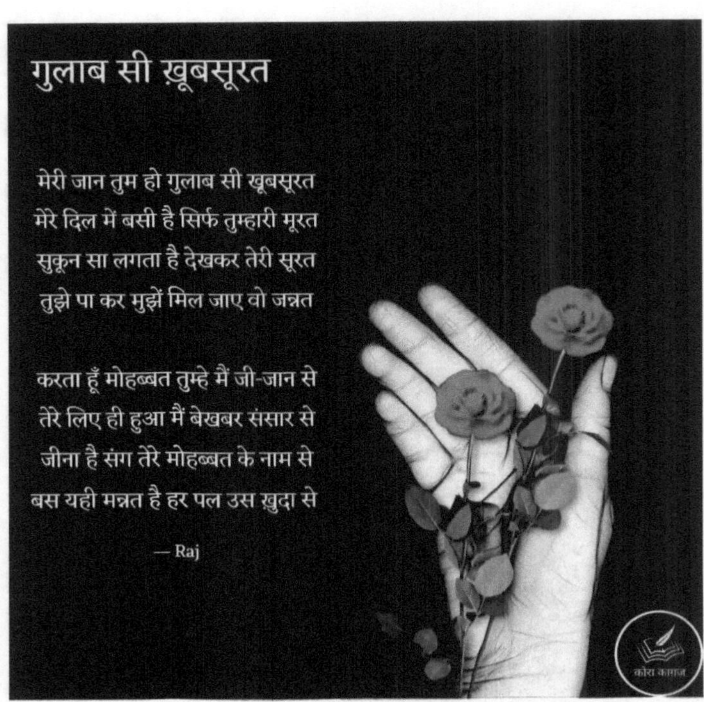

61. महसूल - मज़दूरी, किराया

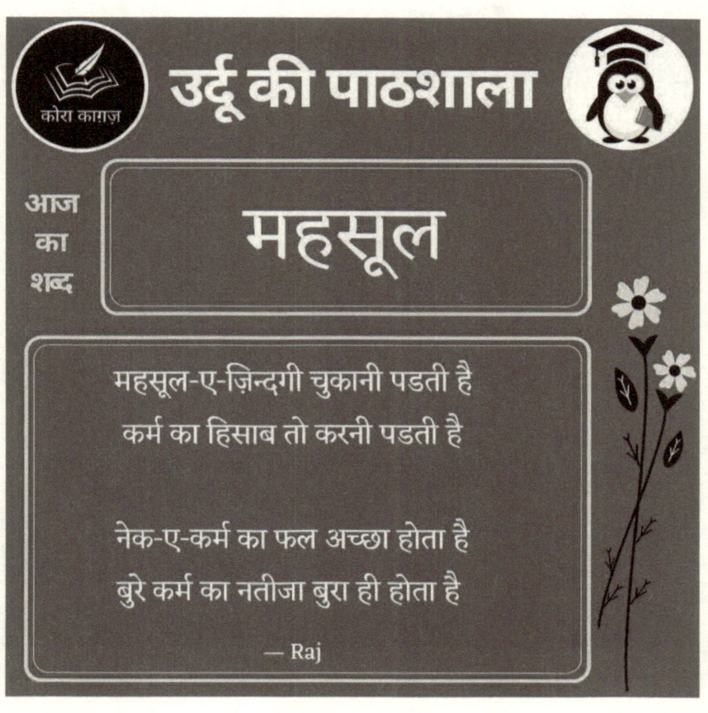

62. ऐरे-गैरे पंच कल्याण

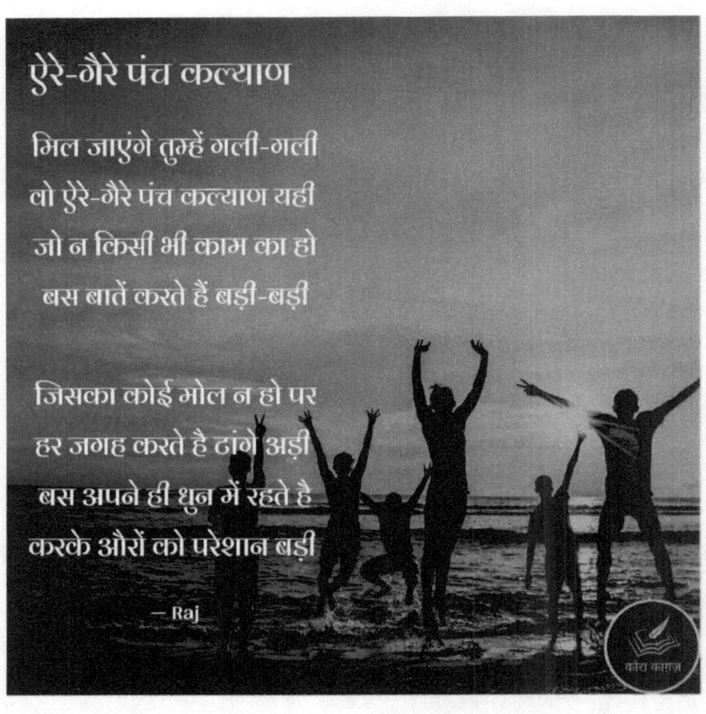

63. हमें साथ चलना है

हमें साथ चलना है
मंज़िल आए न आए
हमें साथ चलना है
हर रास्ते हर डगर पर
यूँ मिलकर गुज़रना है

ख़ुश रहे या फ़िर न रहे
तेरा साथ निभाना है
कोई भी हो रास्ते यहाँ
मुस्कुराते हुए जाना हैं

— Raj

मंज़िल आए न आए
हमें साथ चलना है...

मोहब्बत की है तुमसे
साथ सदा निभाना हैं
मौत आए या न आए
तेरे साथ ही रहना हैं

मंज़िल आए न आए
हमें साथ चलना है...

64. मुब्तदी - एक नौसिखिया

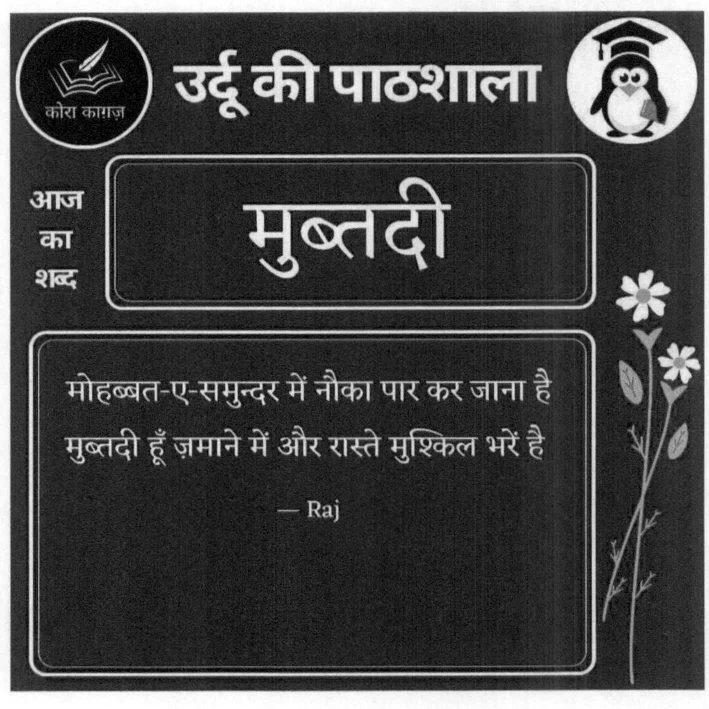

65. सनम की गली

सनम की गली

मोहब्बत हुआ तब वो घड़ी
जब इत्तेफ़ाक़ से वो मिली
याद आए मुझें वो मेहजबी
दिल खोया सनम की गली

राह ताक रहा हूँ मैं उसका
कब मिलोगी फिर से यहाँ
इंतज़ार भी बहुत हो गया
मेरी जान अब बेजान रहा

तरसा हूँ मैं मुलाक़ात को
ये प्यासा दिल बरसात को
कोयल सी उस बोली को
कानों में गूंजते संगीत को

आ जाओ तुम पास मेरे
और न तड़पओ तुम मुझें
जी नहीं पाउँगा मैं बिन तेरे
मिलन को तड़पे है दिल मेरे

— Raj

66. गुज़रती तन्हाई

गुज़रती तन्हाई

ना कोई मंज़िल है, ना कोई साथी
बस है यहाँ सिर्फ गुज़रती तन्हाई

बेमतलब दुनिया है मतलबी लोग
बस है यहाँ सिर्फ खुदगर्ज़ी का रोग

चारों तरफ़ है सन्नाटा फैला हुआ
मैं और मेरी तन्हाई है बड़ा निराला

ना कोई शोर है, ना ही कोई हंगामा
बस अपना राह है और ये ज़माना

रास ना आया मुझें भीड़ दुनिया की
कैसे बताएं हम मज़ा अकेलेपन की

— Raj

67. पहली नज़र का असर

68. पुराना ख़्वाब

पुराना ख़्वाब
पुराना ख़्वाब का भी जवाब नहीं
आता है वो बेवक़्त सताने सभी
दर्द का एहसास करा जाते है तभी
याद आता मुझको जब वो महजबी

जुदाई का आलम भी सताता है मुझें
किसी की चाहत को तरसात है मुझें
याद कर उन ख़्वाबों को परेशान हूँ मैं
न जाने कब छुटकारा पायेगा उस से

— Raj

69. गोदी में बैठकर..

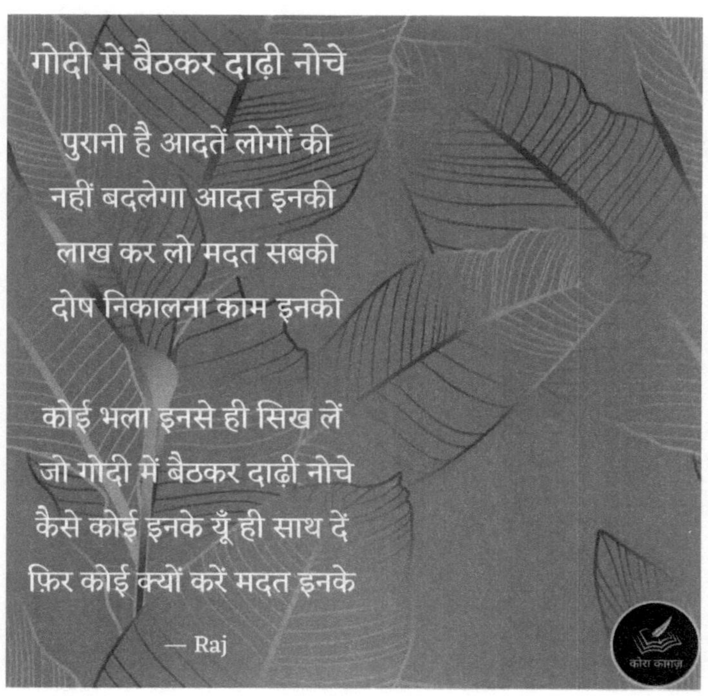

गोदी में बैठकर दाढ़ी नोचे

पुरानी है आदतें लोगों की
नहीं बदलेगा आदत इनकी
लाख कर लो मदत सबकी
दोष निकालना काम इनकी

कोई भला इनसे ही सिख लें
जो गोदी में बैठकर दाढ़ी नोचे
कैसे कोई इनके यूँ ही साथ दें
फ़िर कोई क्यों करें मदत इनके

— Raj

70. राह-ए-मोहब्बत

71. इफ़्शा - ख़ुलासा

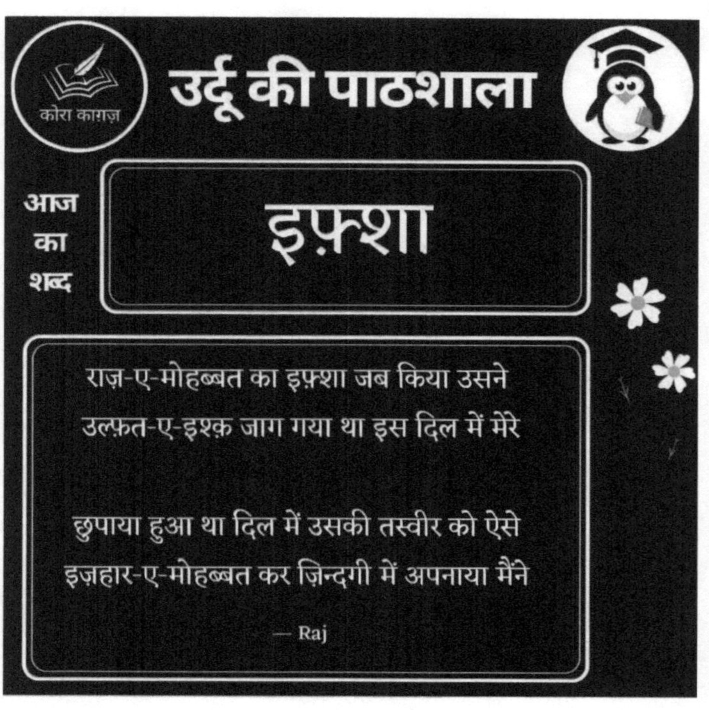
उर्दू की पाठशाला
कोरा कागज़
आज का शब्द
इफ़्शा
राज़-ए-मोहब्बत का इफ़्शा जब किया उसने
उल्फ़त-ए-इश्क़ जाग गया था इस दिल में मेरे

छुपाया हुआ था दिल में उसकी तस्वीर को ऐसे
इज़हार-ए-मोहब्बत कर ज़िन्दगी में अपनाया मैंने
— Raj

72. राज़ की बात

एक ही थाली के चट्टे-बट्टे
रह गए यहाँ हम दो दीवाने
एक ही थाली के चट्टे-बट्टे
यूँ ही घूमता रहा यहाँ-वहाँ
कुछ हाज़िल न कर पाया

न रौनक है इस ज़िन्दगी में
न ही दौलत अपने जेब में
चलता रहा दुनिया की भीड़ में
खाता रहा दर-दर की ठोकरें

ये दुनिया बड़ी ही ज़ालिम है
परेशान कर, न जीने देती है
अब जीए भी तो कैसे जिए
हमसफ़र भी तो कोई चाहिए

— Raj

74. तहय्युर - विस्मय, अस्चर्य

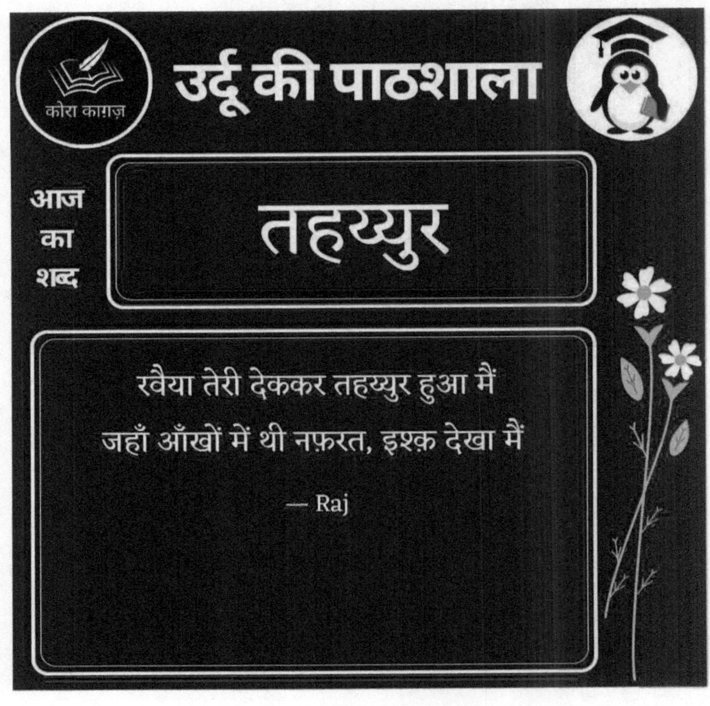

75. गाछे कटहल ओछे तेल

• 75 •

76. जीवन का अलंकरण

77. सोचा न था

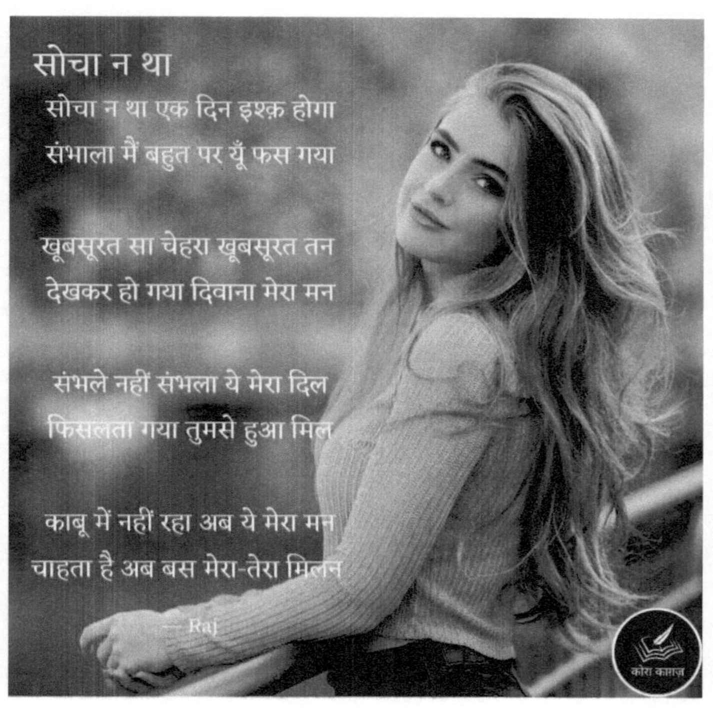

सोचा न था
सोचा न था एक दिन इश्क़ होगा
संभाला मैं बहुत पर यूँ फस गया

खूबसूरत सा चेहरा खूबसूरत तन
देखकर हो गया दिवाना मेरा मन

संभले नहीं संभला ये मेरा दिल
फिसलता गया तुमसे हुआ मिल

काबू में नहीं रहा अब ये मेरा मन
चाहता है अब बस मेरा-तेरा मिलन
— Raj

78. सुलगती है चिंगारी

79. दिल की नज़र से

दिल की नज़र से

सुलगती है इश्क़ की चिंगारी
जब देखती है दिल की नज़र से
क्या बताये हाल-ए-दिल मेरा
कैसे तड़पता है मोहब्बत में

सूना सा था ये जीवन मेरा
जिस पर तेरा महक चढ़ा है
कोरा था दिल की कागज़ मेरा
जिस पर तेरा ही रंग चढ़ा है

और न अब कुछ सूझे मुझें
एक तेरा ही नाम जेहन में है
जैसे कोई गुल खिलकर मेरा
आशियाना महकाकर चल दिए

— Raj

80. तआक़ुब - पीछा

उर्दू की पाठशाला
कोरा काग़ज़
आज का शब्द
तआक़ुब
तआक़ुब कर इज़हार-ए-मोहब्बत कबूले तो क्या
दिल से सच्चा इश्क़ मुकद्दर होना मुश्किल है वहाँ
— Raj

81. अधूरी कहानी

अधूरी कहानी

तेरी-मेरी इश्क़ की कहानी
कैसा है ये अधूरी कहानी
जिसे न हम-तुम निभा पाए
कौन सुनेगा और कौन सुनाए

जाने कैसी थी तेरी मज़बूरी
और जाने कैसे मैं मजबूर हुए
न कभी तुम मुझें छोड़ जाती
और न मैं यहाँ तन्हा रह जाते

तेरी-मेरी इश्क़ की कहानी
कैसा है ये अधूरी कहानी..

— Raj

82. तेरी नज़र

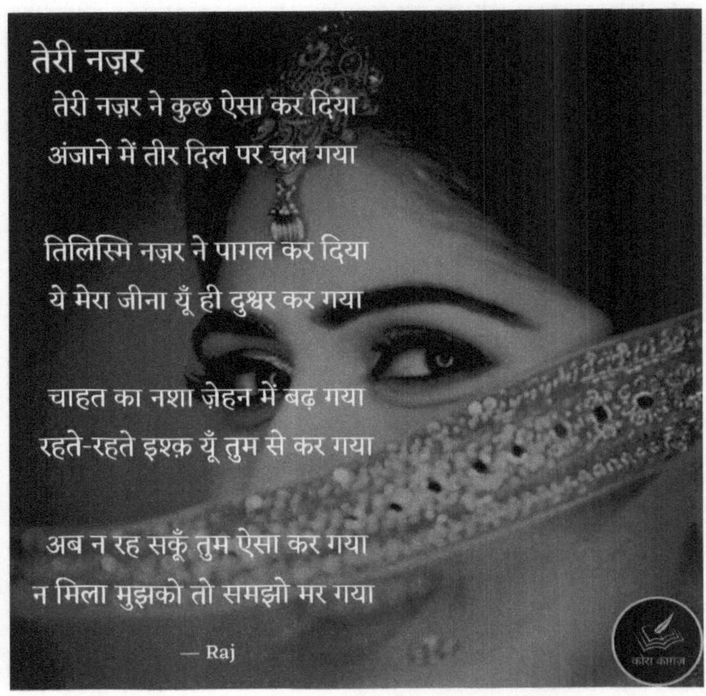

तेरी नज़र

तेरी नज़र ने कुछ ऐसा कर दिया
अंजाने में तीर दिल पर चल गया

तिलिस्मि नज़र ने पागल कर दिया
ये मेरा जीना यूँ ही दुश्वर कर गया

चाहत का नशा ज़ेहन में बढ़ गया
रहते-रहते इश्क़ यूँ तुम से कर गया

अब न रह सकूँ तुम ऐसा कर गया
न मिला मुझको तो समझो मर गया

— Raj

83. ख़ुशियों की बरसात

ख़ुशियों की बारात

तन्हाई में अक्सर दिल में यही ख़्वाहिश रहा
कोई आये और ले आए ख़ुशियों की बारात

मुक्कमल हो जाए इस जहाँ में मोहब्बत मेरा
कोई तो साथी होगा जिसे मेरे लिए है नवाजा

सज दज कर बैठा हूँ मैं कब से तेरे इंतजार में
अभी तो आजाओ तुम इश्क़ कर मेरे बाहों में

यही राह-ए उल्फ़त में देख कब से खड़ा हूँ मैं
ना सह पाऊँ इंतज़ार, सब्र मेरा ख़त्म होने को हैं

— Raj

84. वो इश्क़ था मेरा

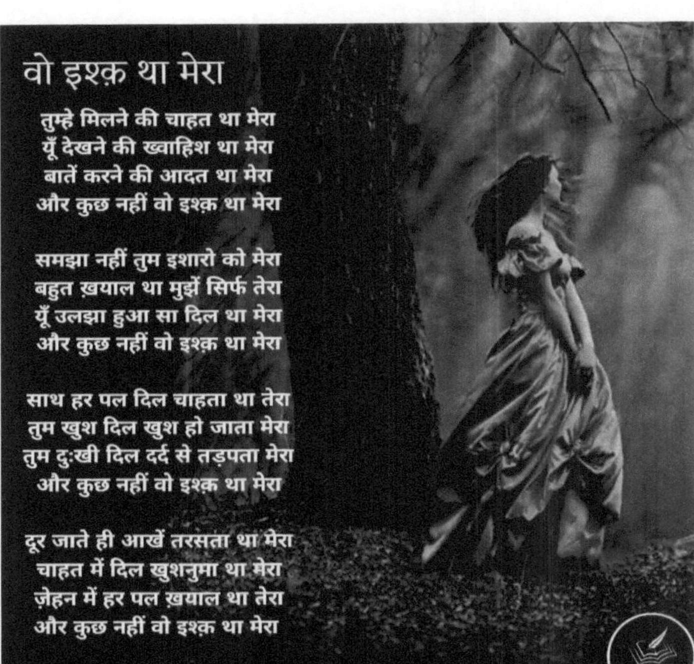

वो इश्क़ था मेरा

तुम्हे मिलने की चाहत था मेरा
यूँ देखने की ख्वाहिश था मेरा
बातें करने की आदत था मेरा
और कुछ नहीं वो इश्क़ था मेरा

समझा नहीं तुम इशारो को मेरा
बहुत ख़याल था मुझें सिर्फ तेरा
यूँ उलझा हुआ सा दिल था मेरा
और कुछ नहीं वो इश्क़ था मेरा

साथ हर पल दिल चाहता था तेरा
तुम खुश दिल खुश हो जाता मेरा
तुम दुःखी दिल दर्द से तड़पता मेरा
और कुछ नहीं वो इश्क़ था मेरा

दूर जाते ही आर्खें तरसता था मेरा
चाहत में दिल खुशनुमा था मेरा
ज़ेहन में हर पल ख़याल था तेरा
और कुछ नहीं वो इश्क़ था मेरा

— Raj

85. वो रात का पहर

वो रात का पहर

वो रात का पहर
याद आए हर पल
वो चाँदनी सी रात
जब तुम थे साथ

वो मीठी सी बात
सितारों वाली रात
वो तेरा यूँ शर्माना
मुझे गले से लगाना

वो रात का पहर
याद आए हर पल...

वो आलिंगन से तेरा
दिल का बहक जाना
मिलकर वक़्त बिताना
एक दूजे में खो जाना

वो रात का पहर
याद आए हर पल...

— Raj

86. वो पहली मुलाक़ात

वो पहली मुलाक़ात
याद आता है हर पल
वो पहली मुलाक़ात
वो सितारों भरी रात
वो ढेर सारी मीठी बात

याद आता है हर पल
वो चाँदनी का साथ
मोहब्बत भरी सौगात
मेरे बाहों में तेरा हाथ
वो हँसीन पल की बात

याद आता है हर पल
वो इश्क़ की बरसात
जो होता था निस्वार्थ
करता है दिल अशांत
अब न रहा वो ही बात

— Raj

87. बीते लम्हे

बीते लम्हे
याद कर वो बीते लम्हे
दिल मेरा यूँ ही सहमे
चाह कर भी भूले नहीं
रात की डरावने सपने

दर्द भरें है वो सारे लम्हे
खुशी का तिनका नहीं
हाल भूरा हो जाता है
जब आते है याद अपने

याद कर वो बीते लम्हे
दिल मेरा यूँ ही सहमे.....

छोड़ कर तो चली गई
वो लम्हे मगर छोड़ गए
क्या पता क्या हो गया
कुछ नहीं बताकर गए

याद कर वो बीते लम्हे
दिल मेरा यूँ ही सहमे.....

— Raj

88. हक़ नाहक़ तो नहीं

हक़ नाहक़ तो नहीं

ये हक़ नाहक़ तो नहीं
फ़िर क्यों है ये बंदगी

इश्क़ है जो तुमसे मेरा
हर रात और हर सवेरा
महसूस कर इश्क़ मेरा
हक़ हो या ना हो तेरा

ये हक़ नाहक़ तो नहीं....

हक़ की कोई बात नहीं
मैं हूँ हर पल साथ तेरा
भूल कर भी न रूठ जाना
जिससे हो जीना दुश्वर मेरा

ये हक़ नाहक़ तो नहीं....

— Raj

89. तेरे शहर में

तेरे शहर में

ये तेरे शहर में आकर मुझें
बदनामी के सिवा क्या मिला
चाहता था जी जान से तुझें
बदले में बेशुमार दर्द मिला

मोहब्बत का क़दर नहीं जिसे
उस से कभी प्यार ना मिला
तड़पता रहा उम्र भर यूँ ही ऐसे
कभी कोई मक्काम न मिला

खूबसूरत सा ज़िन्दगी की मुझें
बस चाहत था वो भी ना मिला
उस दिल में तेरे रहने की मुझें
बस ख़्वाब था वो भी न मिला

— Raj

90. कमसिन सी चाल

91. ख़ामोश आँखें

ख़ामोश आँखें

ये तेरी ख़ामोश आँखें
कर रही है बहुत बातें
उल्फ़त में हैं किसी की
कर रही है बहुत इशारे

कह दो हाल-ए-दिल तेरे
कहीं वक़्त न बीत जाए
एक बार वक़्त जो गया
फ़िर रह जाएगी ये बातें

ये तेरी नशीली आँखें
करता दिल घायल मेरे
इक़रार-ए-इश्क़ कर लें
इंतज़ार में जान न जाए

— Raj

92. नया साल नया उमंग

नया साल नई उमंग

यहाँ नया साल नई उमंग
अब चलना है कोरोना संग
इस से न जाने कब होगा तंग
अब तालेबंद से कब होगा दंग

चिनियों का भी दिमाग़ ख़राब
पंगा लेकर वो खायेगा कबाब
दुनिया भी चढ़ेगा उसपर जनाब
विनाश होगा उस का बेहिसाब

होगा युद्ध इसका अनुमान है
दुनिया चल रहा उस राह पर है
कुकर्म से भरा दुनिया की हाल है
शांति भी भंग होकर अशांत है

देखना है क्या होगा यहाँ आगे
यहाँ कुछ न हो ऐसा उम्मीद है
समझौता कर के शांत हो जाए
दुनिया के समझ में क्यों न आए

— Raj

93. मान-सम्मान

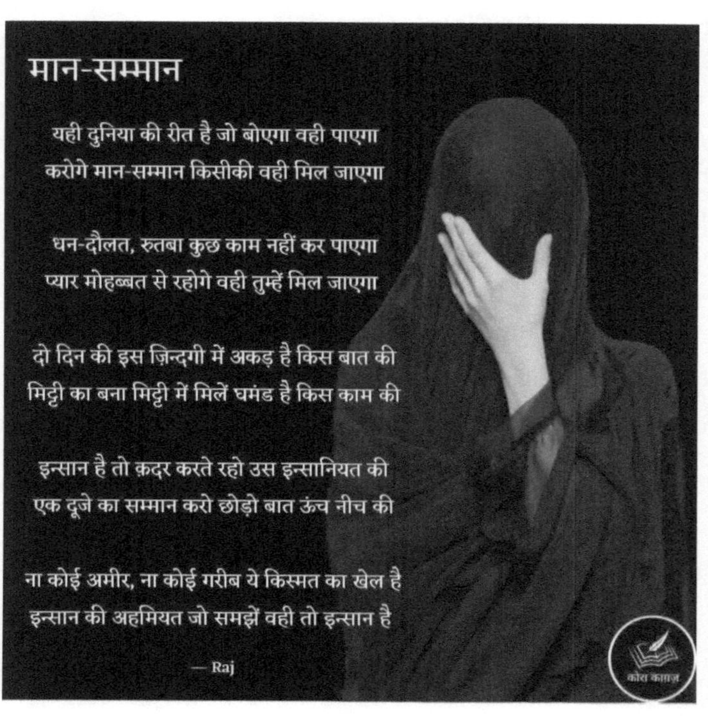

मान-सम्मान

यही दुनिया की रीत है जो बोएगा वही पाएगा
करोगे मान-सम्मान किसीकी वही मिल जाएगा

धन-दौलत, रुतबा कुछ काम नहीं कर पाएगा
प्यार मोहब्बत से रहोगे वही तुम्हें मिल जाएगा

दो दिन की इस ज़िन्दगी में अकड़ है किस बात की
मिट्टी का बना मिट्टी में मिलें घमंड है किस काम की

इन्सान है तो क़दर करते रहो उस इन्सानियत की
एक दूजे का सम्मान करो छोड़ो बात ऊंच नीच की

ना कोई अमीर, ना कोई गरीब ये किस्मत का खेल है
इन्सान की अहमियत जो समझें वही तो इन्सान है

— Raj

94. उल्टी माला फेरना

उल्टी माला फेरना

यह उल्टी माला फेरना
लोगों का स्वार्थी होना
दूसरों का गला काटना
मुँह से निवाला छीनना

आदत बन गई है यहाँ
यह सब कुछ करना
लालची है यह दुनिया
जिस में सबको है जीना

सराफत का नहीं ज़माना
जहाँ देखो धोके का बहाना
एक दूसरे का टांग कीचना
आदत पड़ गया है सारा

— Raj

95. दुनिया की सैर

96. कब्र में पाँव

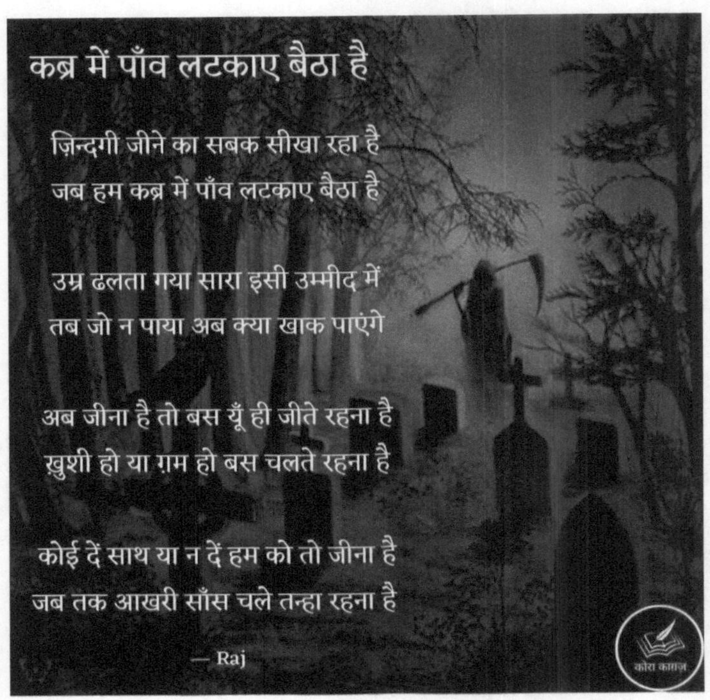

कब्र में पाँव लटकाए बैठा है

ज़िन्दगी जीने का सबक सीखा रहा है
जब हम कब्र में पाँव लटकाए बैठा है

उम्र ढलता गया सारा इसी उम्मीद में
तब जो न पाया अब क्या खाक पाएंगे

अब जीना है तो बस यूँ ही जीते रहना है
खुशी हो या ग़म हो बस चलते रहना है

कोई दें साथ या न दें हम को तो जीना है
जब तक आखरी साँस चले तन्हा रहना है

— Raj

97. मुकम्मल कुछ नहीं

98. मुस्कुराना सीख लिया

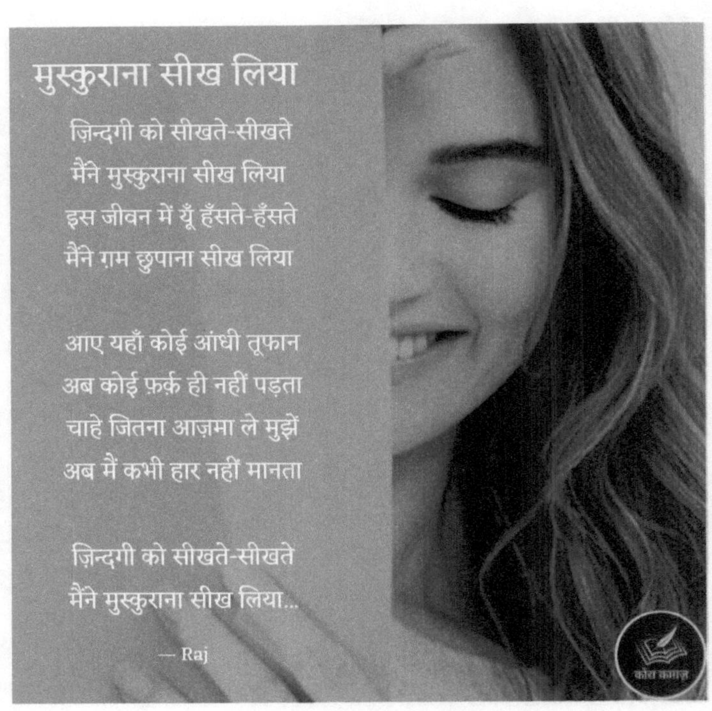

99. वीरानियाँ

वीरानियाँ
इस ज़िन्दगी में कुछ न रहा
बस वीरानियाँ ही वीरानियाँ
जब से छोड़ गई हो मुझ को
बस है तन्हाईयाँ ही तन्हाईयाँ

करता था मोहब्बत तुमसे मैं
इस क़दर दिल-ओ-जान से
मेरी मोहब्बत को न समझा
छोड़ गई तन्हाई की खाई में

इस ज़िन्दगी में कुछ न रहा
बस वीरानियाँ ही वीरानियाँ...

राह तकता खड़ा रह गया मैं
उस राह पर इस उम्मीद में
एक दिन गलतफहमी दूर कर
आओगी लौटकर मेरी बाहों में

इस ज़िन्दगी में कुछ न रहा
बस वीरानियाँ ही वीरानियाँ...

— Raj

100. खोदा पहाड़ निकली...

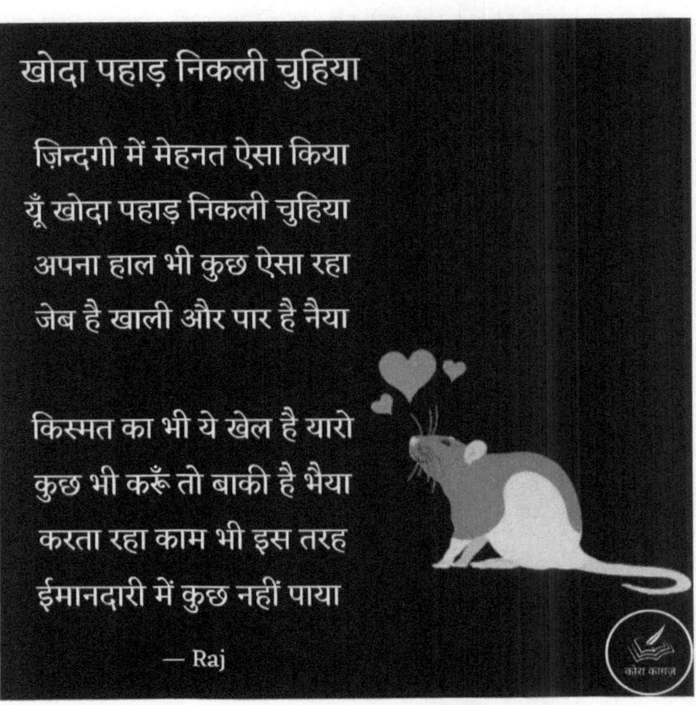

अस्वीकरण

सभी रचनाएँ कल्पना पर आधारित हैं। इसका लेखक के जीवन या ब्रह्मांड में किसी से कोई लेना-देना नहीं है। सभी लेख काल्पनिक हैं और किसी जीवित या मृत व्यक्ति से कोई समानता नहीं है। यदि कोई समानता है तो यह मात्र संयोग है।

लेखक की जीवनी

श्री के.सी. श्रीराज मेनन, जिनका जन्म केरल के एक संपन्न परिवार में 09 सितंबर 1973 को श्री कोझीपुरथ संकुन्नी मेनन और श्रीमती किज़हारा चालापुरथ सेथुलक्ष्मी मेनन के घर हुआ और महाराष्ट्र में अधिवासित हैं। वह बचपन से ही तेज-तर्रार शायरी करते थे, कहते और भूल जाते थे। एक बार उनके एक करीबी दोस्त ने इस पर गौर किया और उन्हें जो भी कविताएँ या उद्धरण कहते थे, उन्हें लिखने के लिए मजबूर किया और तब से उन्होंने लिखना शुरू कर दिया। उन्होंने अपनी कविताओं और उद्धरणों को अपने और अपने करीबी दोस्तों के पास तब तक सीमित रखा जब तक उन्हें अपने कामों को ऑनलाइन लिखने के लिए एक मंच नहीं मिला। वह Your Quote साइट पर एक सक्रिय लेखक हैं और उन्हें प्रतियोगिता के लिए कई प्रशंसापत्र और प्रमाणपत्र प्राप्त हुए हैं। वह एक बहुभाषी लेखक हैं और उनका लेखन विस्मयकारी है। चाहे वह अंग्रेजी, हिंदी, उर्दू, मलयालम और मराठी हो, वह सभी भाषाओं में उत्कृष्ट है। वह कई दिलचस्प लेखकों के लिए एक बड़ी प्रेरणा भी हैं। वह मुंबई विश्वविद्यालय से स्नातक हैं। वह एक एकाउंटेंट हैं और एक स्व-शिक्षित कंप्यूटर इंजीनियर भी हैं। उनके कौशल शीर्ष पायदान पर हैं और उनके पास कई प्रमाणपत्र हैं। अभिनय, लेखन, पेंटिंग और नृत्य और संगीत सुनना आदि... आदि उनके जुनून हैं।

Mail Id.: shreeraj_m@yahoo.co.uk